班主任应急手册

丛书主编·陈秋中
本册主编·李　菁

中国人民大学出版社
·北京·

责任编辑　李　玲
装帧设计　许　扬
责任印制　梁燕青

图书在版编目（CIP）数据

班主任应急手册 / 李菁主编. —北京：中国人民大学
出版社，2014.12
　（班主任之友丛书 / 陈秋中主编）
　ISBN 978－7－300－20537－3

　Ⅰ. ①班…　Ⅱ. ①李…　Ⅲ. ①班主任工作 — 手册
Ⅳ. ① G451.6–62

中国版本图书馆CIP数据核字（2015）第 000329 号

班主任应急手册

李　菁　主编

Banzhuren Yingji Shouce

出版发行	中国人民大学出版社				
社　　址	北京中关村大街 31 号		**邮政编码**	100080	
电　　话	010－62511242（总编室）		010－62511770（质管部）		
	010－82501766（邮购部）		010－62514148（门市部）		
	010－62515195（发行公司）		010－62515275（盗版举报）		
网　　址	http://www.crup.com.cn				
经　　销	新华书店				
印　　刷	北京华宇信诺印刷有限公司				
开　　本	720 mm × 1000 mm　1/16		**版　　次**	2015 年 1 月第 1 版	
印　　张	13.5　插页1		**印　　次**	2024 年 8 月第 17 次印刷	
字　　数	190 000		**定　　价**	49.80 元	

目录 | Contents

第三章 校园暴力

第四章 班级偷窃

丛书序言

　　班主任工作是一项专业性、实践性、艺术性很强的工作，具有情境性、复杂性和不可预见性。班主任的工作情境非常复杂，班级管理的对象是充满个性差异的活生生的人，班主任要对班级实施有效的管理，不仅需要自身人格的魅力，以心育心，以德育德，以人格育人格，更需要丰富的实践智慧和专业能力。在激烈变革的现实生活中，面对纷至沓来的各种新的情境、新的问题与新的挑战，每个班主任都要持续不断地做出各种专业行动的判断和决策。班主任决策是一个极其复杂的过程，为了对学生的终身发展负责，为了尽可能将问题解决的负面影响控制到最小，我们遇事绝不能凭一时冲动随意处置，也不能仅凭以往的经验简单处理。这要求我们透过复杂的问题和现象，学会"专业化地思考和决策"（教育专家周卫语）。

　　如果每一个新任班主任事事都要去亲历亲为，那么等到他们的经验与智慧成熟时，差不多也到了该退休的时候了。如何使青年班主任能在较短时间内成长为优秀班主任，是一项重要的使命。

　　《班主任之友》就是完成这项使命的一个平台。2014 年 11 月，班主任之友杂志社庆祝了她的 30 岁生日。自 1984 年创刊以来，《班主任之友》汇集了全国众多优秀班主任和班级管理理论工作者，倡导一种民主、平等、开放、多元、合作、共享的文化，对班主任工作众多领域进行了研讨，积累、开发班主任群体的实践智慧，形成了具有实用性的理论框架。从 2008 年起，《班主任之友》策划、组织专题研究，从纵深方向系统、全面地开展一个一个课题式研究，将班级管理中的小问题做成大学问。2011 年第 7、第 8 期合刊，以"班主任专业发展"为主题展开：从班主任专业发展的理论内涵解析，到专业化发展的个案经验示范，再到班主任专业化成长的实践路径解读，全面而系统地探讨了班主任专业发展方方面面的问题。其后，2012 年第 1、第 2 期合刊，研究、编写了"班级应急手册"，对班级工作中可能遭遇的各种紧急情况与预防、应对措施做了全方位的研究。2013 年第 1、第 2 期合刊，以"班主任与家长"为主题，研究了愈趋复杂的社会背景、家庭构成下的家校合作的模式及实践，等等。这些年来，《班主任之友》与全国一些优秀班主任反复交流，精心打磨，每一个专题都凝聚了众人的心血与智慧。专题研讨推出后一直受到广大读者的肯定和喜爱，认为它有助于班主任形成"专业化地思考和决策"。

源创图书的策划人吴法源先生看了这些合刊，希望把一些专题出版为一套丛书。为了便于读者阅读，源创图书的张万珠先生对这些专题进行了再一次编辑和加工，根据需要添加了许多内容，部分标题也做了修改，有的专题改动还比较大。

《班主任之友》丛书一共五本：《做一个老练的新班主任》《班主任应急手册》《做一个家长喜欢的班主任》《班主任专业成长读本》《感谢那些"折磨"我的学生——教师如何应对问题学生》。从新班主任入门到班主任专业成长，从接受来自问题学生的挑战到面对不同背景、不同个性的家长，从执行班级日常常规到处理班级突发紧急事件，每一个选题，既有教育理论工作者的研究视角，又有众多优秀一线班主任的实践体验。

《做一个老练的新班主任》是一本特别为青年班主任准备的拿"班照"的导航手册，探讨青年班主任如何少犯错误，走正道，一开始就专业地做班主任。涉及的主题有怎样才能顺利接好一个新班、怎样排座位才能大家都满意、怎样安排卫生值日最合理、怎样制定班规最有效、好的班干部是怎样炼成的、良好的班风从哪里来、怎样沟通效果才好、第一次班级讲话怎样才能成功等。

《班主任应急手册》是一本专门为班主任准备的应急指南。手册集中探讨了学生出走、意外伤害、校园暴力、班级偷窃、自伤自杀等五种突发事件类型，有针对性地提出对策和方法，并辅以生动、鲜活的案例。本书最后，我们还总结了应对班级突发事件的一般性策略，便于班主任举一反三，应对纷繁、复杂的班级管理现状。

《做一个家长喜欢的班主任》告诉我们：无论是什么样的家长，都是爱孩子的，班主任只要把握好关爱孩子这个节点，和家长无论有怎样的分歧，最后应该都能达成理解和共识。"非常"妈妈、"特别"祖父母、强势或弱势家长、"80后"家长，虽然他们中有的人教育方法不一定正确，但都他们希望自家的孩子成人、成才。只要老师真心爱孩子，真诚沟通，家校之间就没有鸿沟，有的是友谊的彩桥。

《班主任专业成长读本》在框架结构上遵循理论指导实践的原则，从班主任专业化的内涵、阶段、途径、平台、目标等方面进行阐述。班主任工作需要深入日常生活、学习的细节中去，班主任的知识是情境知识，班主任的智慧是实践智慧，班主任需要在听中学，在读中学，在看中学，在做中学，既需要实践的磨炼，又需要案例的积累。通过问题探究、现场诊断、情境体验、学习反思等方式不断加强班主任解决问题的能力，这是一个真正的学习过程，是一个提高班主任专业发展意识的过程。

《感谢那些"折磨"我的学生——教师如何应对问题学生》在详细列出问题学生的种种类型，诸如学困、早恋、网瘾、纪律涣散等类型的同时，更加重视教师对每一种类型问题学生进行转化中所应采取的具体方法、分析、步骤，以及可能出现的问题等。这些实践智慧，全部来自数十位一线优秀班主任和名师，以及教育学、心理学方面的著名学者。

30年来，班主任工作，从前十年强调"爱心与奉献"的"推动精神文明建设的重要力量"，到 20 世纪 90 年代中期开始彰显"民主与科学"的班级管理新理念和新探索在全国校园遍地开花，再到近十年来，以"自主与专业"为鲜明坐标，班主任群体职业自觉和专业发展方兴未艾、生机勃勃，始终浸润着时代的气息，越来越贴近教育的本真。班主任群体在引导和推动社会及人的发展上越来越体现出自身独特的价值；道路，也越走越宽阔。

期待本套丛书，这些对教育现场的深度诊断、科学破解，能激起班主任"专业化"自己的信心！

丛书主编 陈秋中

2014 年 12 月

第一章
学生出走

近年来，全国各地中小学生出走事件时有发生，且年龄呈下降趋势，学生出走给家长、班主任和学校都造成了很大的困扰，带来诸多负面影响，成为社会各界关注的焦点。学生出走之后班主任该如何应对呢？

第一节 怎样找回出走的学生

一、要"专业地"找回学生

[案例] 派学生寻人酿成悲剧

某日下午，某校高三文科班的吴老师在第二节课上课点名时，发现班里少了一名叫韵的女生。吴老师赶紧向该班班主任作了汇报。班主任立刻找到韵留下的手机号，一打发现是空号。班主任马上向学校教务主任和校长汇报，并动员学生协助寻找。韵学习成绩不好，性格内向，跟同学接触很少，家离学校较远，大多数同学不知道她的家庭住址。班上一名女生说她是韵的好朋友，知道韵的住址，也知道韵爱去的地方，自告奋勇地要去找韵，班主任答应了。

3 个小时后，班主任才从学校档案室的档案中找到韵的家庭电话和住址。电话打通了，她爸妈说韵中午吃完饭，下午 2 点就去学校了，在家里没有任何异常表现。

直到晚上 7 点多，主动要求去找韵的那位女生慌慌张张地骑着自行车到韵家里，告诉韵的爸妈，韵在市里的体育广场上喝了敌敌畏。

韵的爸妈和学校领导、老师赶到市体育场时，只见韵的身旁放着两瓶敌敌畏，一瓶是空的，一瓶还是满的。韵口吐白沫，两眼翻白躺在那里。

韵被立刻送往医院抢救，但终因服用农药过多，送医不及时，不幸身亡。

学校领导和家长向派出所报了案，警察对找韵的那位女生进行了询问。

后来才得知，那位女生在体育广场上找到韵后，问韵："为什么不去上课，跑到那儿干什么？"韵说："学习一点儿意思都没有，活着也没有一点儿意思，想死。"该女生附和韵的意见，并商量了自杀方法：上吊，太难看；跳水，太丢人；跳楼，死得太惨；最后决定服毒自杀。她们到市场上转了半天，买到两瓶敌敌畏。就在要喝敌敌畏的时候，寻找韵的女生畏缩了，改口说不想死了，想到死很害怕，并劝韵也不要死了，不要喝敌敌畏了，跟她一起回学校。但韵去意已决，还训斥了她，说她是胆小鬼，贪生怕死。

韵拿起敌敌畏一口气喝完了。女生这下慌了神儿，马上骑车赶往韵家报信，但家远路长，悲剧还是发生了。一个花季少女，生命就这样凋零了。

【反思】

我们从这场悲剧中需汲取很多教训。

第一，班主任要对学生填写的家庭和个人信息及时进行验证，防止类似该案例中的学生填写虚假信息的事情发生。如果学生发生意外，学生当初留下的联系信息准确，班主任就能及时与学生或其家长取得联系。

第二，处理学生无故未到校这类情况，老师和班主任存在麻痹、松懈思想，常把它当作一般违纪现象来处理，怕"小题大做"，没有意识到其背后可能隐藏着对学生身体健康和生命的巨大威胁。这种事件一旦发生，班主任应立即向学校反映，学校应采取安全管理应急预案，立刻寻找学生。按照规定，学校无力解决或者无法排除的重大安全隐患，应及时书面报告上级主管部门。

遇到学生留下的信息是虚假的或者是不准确的情况，班主任和学校领导自己不仅要设法寻人，更重要的是要向公安机关寻求帮助。公安机关有协助学校处理校园突发事件的职责，有关于当地人口的信息以及快速反应的能力。

教师和班主任在处理学生出走这类事件时，决不能派其他学生去找。在这起案例中，班主任就因此险些酿成寻人的学生也要自杀的悲剧。曾有一所学校，因有两名学生旷课，班主任指派班上另外两名学生去找。四名学生在返校时，扒乘拖拉机，结果造成一死两伤。

（山西省侯马市建工路学校　范翠艳）

二、利用聊天工具寻人

［案例］QQ上找回来的学生

2004年我担任了高二（六）班的班主任。有学生向我反映班里的男生小童和女生小乐每天早晨一起到教室，中午和下午放学后一起到食堂吃饭，晚上下了晚自习还要聊上很长时间才各自回宿舍休息。我通过调查，了解到两个人高一的时候成绩都不错，但现在上课精神恍惚，经常完不成作业。

有一天上早自习时，我发现他们两个都不在教室里，便急忙找他们同宿舍的学生了解情况。有学生说看到两人背着书包一大早就出了校门，还有学生反映昨天晚上他们分别向同宿舍的同学借了不少钱。我估算了一下，约2000元。我意识到了问题的严重性，立即向学校领导汇报。学校领导让我联系家长，看他们是不是回家了。家长答复说没见他们。显然，两个学生出走了。于是，大家分头去找，一连几天过去了，两个人就好像从地球上蒸发了一样，音讯皆无。

学生出走后，我的生活秩序一下子被打乱了。除了找学生了解情况，同家长保持联系外，我一有时间就上网寻找。考虑到这两个学生都没有手机，他们如果和同学联系的话最有可能的方法是通过网络，于是我要了与他们关系较好的几个学生的QQ号码。每天我上班的第一件事就是登录QQ，看看能否从上面找到一点儿线索。同时，我让他们最要好的朋友也时刻关注有没有他们的信息，一旦发现情况，马上向我汇报，并设法拖住他们，争取弄清他们的准确地址。为了尽快找到他们，学校还专门派车让我们去学校周围的几个地区寻找，但毫无音讯。

就在他们出走两周后的一个周末，学生小萌给我打电话，说看到小乐上线了。我赶紧用小萌的号码登录 QQ。一想到我贸然找她搭话很有可能让对方警觉，就装作没看到她。突然，QQ 响了两声，小乐主动和"小萌"说话了，我告诉她我很想她，说自己感觉上学很累，也想像她那样去外面闯荡。小乐对我这个好友态度倒是很真诚，说自己在外面也不容易，出走时带的那点儿钱基本花光了，现在她和小童两个人只好每天晚上在网吧里泡着。由于年龄小，没有身份证，想找份儿工作也找不到，但绝对不回家，因为父母和老师太不理解他们了。我知道现在还说服不了他们，于是就告诉她我手头还存了点儿钱，是春节时大人给的红包，如果他们缺钱，可以暂时借给他们。我的一番"好意"感动了小乐，终于从她口中得知两个人去了很远的一个城市。

我一边和他们谈论班里发生的事情，一边联系了双方家长。考虑到他们不会主动回家，双方家长决定立刻出发接人。在当地派出所的帮助下，最终把这两名学生成功接回了家。

【反思】

经历了这件事后，我总结出六点应对学生出走的经验和教训。

第一，稳住阵脚，摸清底细。所谓"知己知彼，百战不殆"，学生出走了，班主任得知情况后一定不能惊慌失措，要仔细向学生了解情况，尤其是他们的室友，以及平时关系要好的同学。然后综合各种信息做出判断。

第二，及时向领导汇报，寻求学校支持。学生出走，尤其是在学校出走，班主任和学校都有不可推卸的责任，因此班主任一定要如实地向领导汇报情况，以免影响领导做出决策。

第三，及时告知家长，以免贻误寻找时机。家长是学生的法定监护人，老师有义务及时向家长告知事情的真相，并积极协助家长寻找出走的学生，以免让家长走向学校的对立面，给班主任和学校带来不良影响。

第四，发动学生，多渠道寻找。一方面，学生出走往往事先有些征兆或迹象，比如说找身份证，向同学借钱等，作为班主任一定要仔细调查，尽可能地多了解与学生出走相关的信息，从而为寻找孩子提供线索。另一方面，青少年出走往往有些意气用事，他们一般不会主动联系班主任、家长，一旦在外面找不到工作，花光身上的钱后，他们就会向同学或者好朋友求助，因此班主任一定要做好出走学生同学的思想工作，群策群力共同寻找。

第五，投其所好，缩小搜寻范围。离家出走的学生由于在外居无定所，又不能投亲靠友，因此他们能去的地方通常是网吧。教师需了解学生平时的上网习惯，尤其是 QQ 聊天情况、参与的论坛活动以及网络游戏等，对寻找学生会很有帮助。

第六，低调处理，降低不良影响。考虑到学生出走会给学生个人和其他学生造成不良影响，因此班主任在处理出走的学生时一定要低调，既要达到教育出走学生的目的，又要尽量降低给出走学生本人和班级其他学生造成的影响。

（山东省淄博市淄川区第一中学　李永坤）

三、利用学生长处，使其回心转意

［案例］向出走的学生寻求帮助

初三模拟考试结束后的一天早上，我突然接到一位家长的电话。电话里的声音带着哭腔："老师，小波说什么也不念书了，他早上起来就离家出走了，我求你劝劝他，求求你了！"

小波，印象中是个与同学相处从不计较个人得失，甚至有同学跟他开过火的玩笑时也不会生气，只是一笑了之的学生。他在同学中很有人缘，小眼睛里透着聪慧的光芒，这次模考考了470多分，已经填报完高中志愿了，如果不继续念书就太可惜了。我决不能放弃他，一定要尽最大努力把他拉回来。

他对计算机非常精通，而且很讲义气，我若有求于他，他应该不会拒绝吧？于是我利用电话叩开他心灵的大门："我是包老师啊！你哪儿不舒服了吗？怎么没来上学啊？"我小心翼翼地问他，生怕他不回答我或关机。等了好一会儿，他终于说话了："老师，我不想上学了。"我说："上不上学我们先不谈，我想请你帮个忙，我做课件时遇到了一点儿困难，想请教请教你。"我觉得他会给我这个老师一个面子的。

他停了一下，电话那端人声嘈杂，看来他正在路上走——他是要去哪儿呀？我着急地说："我不逼你，你的前途由你自己决定，但你一定不会忘记朝夕相处的老师和同学吧！你不会不见大家一面就走吧？"他说："可我已经告诉我爸妈我不念书了，也不用他们管了。"好一个"君子一言，驷马难追"，看来有门儿。我说："这样吧！你过来后我帮你处理这个问题，因为你念不念书可不是一个人的事，还要办理相关手续，很麻烦的。如果你不来办手续，由于学籍还在而你不来上学，学校只能按旷课处理。一旦给你处分，就不好办了，给班级造成恶劣影响不说，你在外面还要背黑锅。你来，也好名正言顺地办理手续。如果你还想念书那更好，我可以给你保密，同学们谁也不知道你的情况。"他终于答应了我。

我们约定的见面地点是学校操场的大树下，通过交流我得知，原来近些天，他的父母因为他的成绩问题经常唠叨他，而他也因临近中考情绪比较紧张，在学校学了一天，回家就不想学习了，想玩玩电脑放松放松，他父母看见他玩电脑就更说他了……说到这里小波哭了："他们告诉我了，没钱供我上高中。今天早上，我爸还说晚上下班回家要收拾我，你说我还怎么在家里待，怎么念书？"他一脸委屈又振振有词地说。

我帮他分析了这次考试的成绩，并肯定他的成绩一定能考上普通高中，而上了普通高中后，以他的能力考大学是没问题的，但如果现在不读书了，就有可能成为街上的"二流子"，一事无成。我请他相信我会一路陪他到中考……他点了点头，情绪也渐渐地稳定下来，回到了教室。

事后我找到家长，告诉他们中考临近，孩子压力大、情绪焦虑，偶尔行为反常是正常的。在这个阶段不要与孩子较劲儿，总唠叨可能会使孩子产生逆反心理，使亲子之间产生情感障碍。不妨换一个角度，多关注一下孩子的心情，主动帮助孩子解决面临的困难，比如找家教查漏补缺，让他多参加一些户外活动，放松心情。同时，适时辅以明松暗紧、宽容而不放纵的管教才会让孩子更好地度过这段关键时期。最后，我协助家长制定了具体的教育方案。

此后，小波的情绪逐渐好转，在课堂上也能全身心地投入学习。看到他现在的学习状态，谁也不会想到他曾经离家出走过。

（辽宁省大连市第三十七中学　包金荣）

第二节 学生回来了，老师怎么办

一、处理要低调

［案例］ 我的"帮助"弄巧成拙

下班了。我一个人呆呆地坐在教室里，看着那张已经被挪到墙角明天将被送到仓库的桌子，很心痛。

这张桌子的小主人因为我的"帮助"，不得不转学了。听说她的父亲为了她转学的事儿，费尽了周折。今天送她和她父亲离开办公室时，我很想让她父亲责备甚至骂我几句，那样我的心里会好受些，可她和她的父亲什么都没说就走了。只剩下她还给我的那本笔记本静静地躺在讲台上。

她是个开朗、活泼的女孩，半个月前，因和她继母闹矛盾，放学后偷偷跑到姥姥家去了。姥姥和母亲痛恨她的父亲，就说她没去她们那里。她父亲和我们老师都急疯了，四处寻找。就在我们焦急地找了一周后，她回家了。她父亲马上把她送到班里，希望我能帮助她，让她不再出走，安心学习。

我怕她失去自信心，怕她再次出走，于是绞尽脑汁想办法。我决定召开一次班会。为了给她一个惊喜，我和班委会的学生商量好了，为她暂时保密。开班会那天，我在黑板上写下了"欢迎你归来"这几个大字。有的同学致欢迎辞，有的同学表达了对她的关心，还特意选了几首歌曲让同学们唱给她听。我送给她一个包装精致的笔记本，并放到了她的桌上。

开班会时我发现其他学生在我的带动下参与热情高涨，但她的表情却始终很不自然。原计划的一节课时间根本不够用，到放学时间了我们的班会还在进行中，这引来其他班级的学生在窗前、门口观看。我发现她低着头，眼里似乎还有泪水，我以为她被我们的努力感动了。

第二天，我发现她的态度变得很消沉，除了上厕所外，几乎不走出教室，下课就坐在座位上，用衣服捂住头。我有些不解。一天下课时，我看见她走在前面，后面跟着几个调皮的男孩儿对她指指点点，嘴里还不时喊"出走的跑头子"……我愕然了，原来是这样，其他班级的孩子看到我们的班会后，居然这样评论她。我这才知道，我不应该如此高调而张扬地开这个班会。本来很简单的事儿，却被我弄到如此不可收拾的地步。最后，她选择了转学。

我在班会上送给她的笔记本，被她悄悄地放在我的讲桌上。我知道她再也不想看见这个笔记本，连同那次班会上的一切，她都不想去回忆了吧！

（吉林省蛟河市庆岭镇九年制学校　张亚珍　张晶玥）

二、工作要细致

[案例] 小娟回来了

2010年中秋节，当人们沉浸在家人团聚的温馨氛围中时，我班的女生小娟离家出走了。在我的印象中，小娟是个性格很内向的学生，平时有什么事儿都不愿意对老师和同学讲，喜欢上网，有一些网友，个性很好强，总认为自己做的事情就是正确的。这学期刚开学没多久，她和班里一名同学闹了点儿矛盾，在课堂上就扇了那名同学一记耳光。全班同学要求她向那名同学公开道歉，她觉得同学们都针对她。

经过一个月的寻找，我们终于在千里之外的西安找到了小娟，并把她带了回来。当前孩子出走的现象频发，很令人担忧。现在她回来了，是否会再次出走，是否会因此造成心理疾病，我们该怎样去迎接和面对这只归巢的雏燕，该怎样教育她，一系列的问题令我陷入深深的思考中。

针对小娟的具体情况，我决定分两步做工作。

1. 营造环境，轻松过渡

第一，创设和谐的家庭环境。有一些家长担心孩子受到刺激，以后会再次出走，就对出走的孩子凡事都"礼让三分"，这会让孩子形成一种错觉，认为出走是让父母向自己妥协的好办法，是可以解决任何问题的。还有一些家长会在孩子回家之后惩罚孩子，结果往往适得其反。考虑到这些情况，我在找回小娟的第一时间和她的家长进行了沟通。我让他们尽可能地克制自己的情绪，理智地面对已经发生的问题，不要对小娟的要求百依百顺，也不要打骂她，要与她多交流，尽量保持和睦、温馨的家庭氛围。

第二，营造温馨的班级环境。班里的孩子听说找到了小娟，都吵着要去看她，连以前和她关系不是很好的同学都表现得很积极。我知道他们有些人是出于好心，而有些人则是好奇心在作怪。这个时候是不能让其他同学用猎奇的眼光看待小娟的，应该让她同正常孩子一样来上学。我把我的想法跟全班同学做了交流，告诉他们帮助小娟的办法就是不要将所有的目光聚焦在她身上，不要问她出走后遇到了什么，不要埋怨她的出走给我们造成的影响，而应该以同学真挚的爱去接纳她。同学们立即行动起来了，有的帮她擦洗几周没有用过的桌凳，有的组成了补课小组准备给她补课……

2. 深入心灵，纠正错误

小娟返校一周以后的一个晚自习，我把她叫到了校内的星光湖畔，关于她出走的事情与她彻底地谈了一次，力求通过这次谈话打开她的心扉。

首先，以情感之。我们一起坐在湖边的小石凳上，我的手机里保存着在寻找小娟期间同学们用我的手机给她发的短信。"小娟，你还好吗？我们马上就要半期考试了，你回来考试吗？""小娟，我们寝室被评为文明寝室了，大家都挺高兴的，要是你在就更好了。""小娟，天凉了，记得加衣服哦！"……我一条条地念着短信，既没有对她做解释也没有说教。接着我又播放了一段她妈妈给我打电话的录音。听着妈妈那焦急的声音，小娟再也忍不住地哭了。抚摸着她的头，我告诉她大家都很爱她，她是个幸福的小家伙。

其次，以理服之。借着这个机会，我向她讲了我们寻找她的全过程，讲到了寻找中我们焦虑、无助、恐惧的心情。我要让她知道，因为她的出走给别人带来的影响。站在她的角度，我也真诚地谈了三点。第一是安全。独自离家出走很可能被坏人欺骗，或者陷入其他危险之中。第二是勇敢。要勇于面对困难，勇于面对自己的错误并积极地改正它。没有人会永远保持优秀，能直面自己的问题并加以改正的人才会不断进步。第三是责任。每个人的肩上都有很多责任，赡养父母、养育孩子、报效国家、服务集体等。我问她："如果你真的出了事，你爸妈以后该怎么办？"小娟埋着头默不作声。

再次，以志激之。过了一会儿，小娟抬起头望着我："老师，你还喜欢我吗？"我说："如果不喜欢，我早就放弃你了。""那我该怎么办？"我告诉她应该静下心来去发现生活中的美，切实感受家庭、班级的温暖和亲人、同学的关爱，去发现身边每个人的优点，学会感激、学会感恩、学会真诚、学会担当。同时，也要注意在日常的学习生活中，在一定压力的环境中，在与困难作斗争的过程中，增强心理承受能力，不断锻炼和提高自己，体会生活的乐趣，坚持自己的理想，发扬永不放弃的精神；要通过自己的表现让大家觉得小娟仍然是那么优秀，不要以离家出走相威胁或者企图用离家出走来摆脱困境。

此后，我一直关注小娟的情况，没有再专门找她谈话，只是在她做得好的时候摸摸她的头，或者对她露出一个赞许的微笑。我知道，大家喜欢的那个小娟正逐渐回来。

一段时间以后，我总结小娟归来后所做的工作，修改了"班训"——将"自信的小鱼，缤纷的大海"作为新班训。有的同学说"大海很美丽，我们这些小鱼就应该不断地去追寻",有的同学说"大海很大,充满了危险,而我们太小,所以我们只有团结才能战胜困难"……他们每个人对这句班训都有自己的理解,我想给他们慈母般的爱,关注他们的日常生活,关注他们的成长,让他们充满自信、充满快乐。让这些"小鱼"健康地在知识的海洋里遨游,我想这应该就是我们老师的幸福吧。

(四川省宜宾市第三中学校　徐　蕊)

第三节 学生出走的应对及预防

［案例］ 离家出走的小林

班里的男生小林最近经常迟到，无心学习，我找他的家长到学校做沟通，希望共同教育好孩子。在我和他父母聊完的第二天中午，小林放学回家后，先是遭到了妈妈暴风雨般的训斥，接着被醉醺醺的爸爸打了一巴掌。初二的学生本身就处于叛逆期，再加上小林又是个性极强的孩子，爸爸还没骂完，他就气冲冲地拿着书包冲出家门。家长以为孩子上学去了，没有在意，而我则以为孩子正在家接受家长的说教。上课半小时后，我发现小林还没到，就给他妈妈打电话。他妈妈一口咬定他到学校上学了。于是，下课后我找其他学生了解情况，学生们都说没见到小林来学校，有个男生说在上学的路上见到小林朝别的地方走了。看来他确实没到校上课，我赶紧把信息转告给家长，请家长找一下，同时把事情上报给了学校德育处。

下午放学后，我联系家长，想询问小林回家没有，家长没接电话。我正打算到小林家去看看时，小林的爸爸带着两个保镖模样的人怒气冲冲地到学校里来了。三个人满身酒气，保安不让他们进学校，他们就在校门口吵嚷，德育主任不让我出面，怕家长不讲理对我不利。我笑着说："怕什么？我一没有打骂孩子，二没有违规违纪，他也不敢对我无礼。"于是，我到校门口笑着说："让小林爸爸进来吧，其他人在保安室等。"那两个人虽不情愿，但看着我坚定的表情，只好留在保安室。

小林的爸爸一开口就抱怨："都是你的原因小林才离家出走的，要不是他在学校学习不快乐，他绝对不会走的，你们必须把小林给我找回来。"我也没有争辩什么，心平气和地告诉他，现在问题的关键不是追究小林为什么离家出走，而是先把孩子找回来再说；希望他不要做出一些不理智的行为，更不得无理取闹。小林是从家里出走的，而不是从学校出走的，但学校会配合家长找他。他是我的学生，他离家出走，我也很着急。

说完这几点后，我不容小林的爸爸插话，接着说："如果你确实为孩子着想，现在就什么也别争了，马上出去找孩子。小林不是个胆子特别大的孩子，不会走得太远。如果耽误了时间，就说不好了，我先到其他同学家找找。"说完我站起身就走。小林的爸爸也站起来跟我小声说："找不到你等着！"我无暇顾及他的话，更不想和他多说什么，只想尽快找到小林。

我开车奔向小林经常去的地方，根据和他一起上网的学生提供的信息，夜里11点，我终于在城外的一条河边找到了他。我庆幸我没有放弃找他，否则后果不堪设想。小林看到我后，既慌乱又惊喜。我说："你饿了吧！为了找你我也没吃饭呢！走，我们去吃饭！"小林小声地哭着说："老师，对不起，让你担心了！"饭后，无论我怎么劝他，他都不愿意回家，我只好将他带回我家。小林终于向我道出了最近表现不好的原因，最近他爸妈为了给爷爷奶奶的养老钱天天吵架，爸爸喝醉酒就把气撒在他身上，他为了报复爸妈才故意不认真学习的。"老师，我早就不想回家了，我该怎么办？"我感觉很难受，该怎么处理这个棘手的问题呢？我茫然了，虽然是他的班主任，但是涉及他们家的私事我怎好参与呢？看着可怜兮兮的孩子，我还是决定和他的家长好好谈一谈。

我一见到小林爸妈就开门见山地说："小林是夜里我在河边找到的，如果迟一点儿后果不堪设想。他不愿意看到你们继续吵架，更不愿意见到喝得醉醺醺的爸爸骂他，不愿意回家，我怎么劝他都不听。他现在在我家，你们打算怎么办？"

小林的妈妈呜呜地哭着，埋怨小林的爸爸。小林的爸爸也不甘示弱，指着小林的妈妈说："都是你这个不孝的女人的事儿，否则我怎么会喝酒，那是因为我心烦。"我大声地说："如果你们再不反省自己，继续吵下去，会彻底让你们的儿子失望。他能离家出走一次，就会有第二次、第三次。那时你们可能真的会失去他，到了那一步再后悔都晚了。大人在做，孩子在看，初二的孩子正慢慢长大。如果你们还不顾及他的感受，继续这样下去，也许孩子长大后会恨你们！我的话请你们三思。"我又举了几个典型的孩子出走的案例，听得小林的爸妈脸色铁青。他们再三请求我帮帮小林。

在我的要求下，小林的爸爸妈妈委婉地向儿子道了歉，并表示以后再也不会吵架了，小林的妈妈还表示愿意把小林的爷爷奶奶接到家里养老。小林顾虑重重地跟着他们回家了。

我的任务还没有完成，小林是个自尊心极强的孩子，如果回到学校里，班里的同学再乱问乱说一通，弄不好又会把他说跑。于是我心生一计。第二天我带着小林进班，先表扬小林的孝心。我对全班同学说，小林的奶奶身体不好，小林听说城外有一个老中医医术高明，上周就跟我请假要去帮奶奶买药，我没同意。昨天小林觉得下午没有主课，就自己跑去给奶奶买药了，让大家虚惊一场。同时，我虚张声势地批评小林不请假的行为不对，应该扣除 2 分行为规范积分。看到同学们对小林善意的微笑，看到小林对我投来感激的目光，我欣慰地笑了。

【反思】

在处理校园偶发事件时，我们必须遵循教育规律，既要恰到好处地处理，又要得到学生及家长的认同。要想达到这样的效果，离不开宽容之道。

1. 要为家长留住颜面

案例中的家长遇到孩子离家出走的事儿马上就乱了方寸，甚至会有一些过激的言行，这个时候班主任无论听到家长说什么难听的话，都千万不要放在心上，万万不能再激怒家长，要想家长之所想，急家长之所急。说话要点中要害。如果班主任为了摆脱自己的责任，不管三七二十一跟家长吵闹，势必激化矛盾。其实，家长有时也是病急乱投医，说了些他自己也不明白的浑话，只要老师诚心诚意地帮助找孩子，只要孩子一找到，家长一定会为自己的言行向老师道歉。

有时家长也是为了面子，只要家长向老师道歉了，又何必追根溯源地非要评出个是非曲直呢？在这件事的处理上我给足了家长面子，小林的爸爸那感激的神情告诉我，我征服了一位难缠的家长。小林爸爸的改变也让我刮目相看，听小林说，他已经很少喝酒了，并坚持天天亲自接小林放学；见到我们校长也再三地说我的好话，附带着还把我们学校夸一番，换作以前那是绝对不可能的。小林的成绩和表现飞速进步，小林的妈妈隔三差五地给我打电话，说不完的感激。说白了，给家长留面子也是给自己的班级管理留余地，何乐而不为呢？

2. 为孩子搭一架可以下台的梯子

初中的孩子心性还不成熟，一般是负气离家出走。不要抱怨他们不考虑出走的后果，他们离家出走后像无头苍蝇一般，到处乱撞。因此，我们在处理离家出走的孩子返校的问题时要慎重，出走的多数孩子心理有一定障碍，或个性极强，或太顾及自己的面子。如果我们处理得不谨慎，可能导致更严重的后果。如果老师不考虑学生的承受能力，只考虑学校的纪律、老师的尊严以及杀一儆百的效果等，无疑会给这些孩子又一次打击，有可能导致孩子再次离家出走，甚至他们宁愿露宿街头也不愿让家长或老师找到。这样的结果是我们不愿意看到的。对于极爱面子的学生，老师不能公开批评他们的错误，更不能严肃处理，最好能动之以情，晓之以理，用教育智慧引领孩子自觉远离极端的做法。做到这些很难，但再难班主任也要坚持做下去，只有坚持下去才有希望转化一个孩子，才有希望把孩子从动辄离家出走的路上拉回来。例如本案例中的小林，就个性太强，又极好面子，因此我事先搭好了一架帮他下台的梯子，让他从窘迫中解放出来，保住了他的面子，给他创造了改正错误的机会。

3. 为自己保留尊严

小林离家出走的过程虽然惊心动魄，但最后算是妥善解决了，我松了一口气。回头思索，在整个过程中，我放弃休息，饿着肚子，帮家长找孩子，表面看来，很弱势，甚至有点委曲求全。但正是由于我的坚持不懈，终于找到了小林。随着事态的发展，我作为班主任的价值也得到了凸显。家长甚至再三道歉、感谢……与其说是我帮家长找小林，还不如说我是在为自己找回尊严。

我的坚持和努力，既让事态向好的方向发展，又为自己的班级管理扫清了障碍。靠自己的努力和付出，我找回了作为班主任的应有尊严。

教育之路亦如人生之路，总会遇见沟沟坎坎，见山开道、遇河搭桥的技巧也是教育的智慧。

（广东省深圳市光明中学　王　莉）

【评析】学生出走的应对及预防

学生出走的原因很多，但无论什么原因，一旦发现学生出走，首要的任务是找到他。

一般说来，学生出走对教师和家长绝对保密，对同学往往是不保密的，对好朋友尤其不隐瞒，因为他们往往需要同学提供资金等方面的援助。所以要找到出走的孩子，首先要问他的好友，他们一般都知道出走的学生去哪里了，起码也知道大致的去向。如果他的好朋友不愿"出卖"朋友，可以告诉他："你不必告诉老师他在哪里，但是你可以问问他有什么困难，我们通过你帮助他。"这样起码能连上线，下一步棋就好走了。

其次的线索就是孩子的亲戚。比如，孩子从小是爷爷奶奶带大的，这显然是一个寻找的方向。

再一个就是网吧、洗浴中心、公园、旅馆等地方，这些地方可以过夜。爱上网聊天的孩子，可以上网去寻找。

孩子身上带了多少钱，能支撑多长时间，一定要尽可能打听清楚，这样就可以估计他们的去处。还有就是孩子的性格和"外交关系"，也要尽量搞清楚。有的孩子路子很野，甚至认识不少社会上的闲散人员，这种孩子出走在外有人接应，寻找起来就比较困难，有时甚至需要报警。有些孩子很少出门，社会经验也很少，胆子不大，他们就跑不远，也比较好找，但是他们容易上坏人的当。

孩子出走，必须尽快通知家长，报告领导，以便协同作战。有时需要向警方求助。

一旦找到孩子，要避免犯两个极端的错误。一个是立即批评惩罚，家长把孩子打一顿；另一个是向孩子百般讨好，答应孩子的一切要求（包括无理要求）。正确的态度应该是若无其事，一切照常，过一段时间，等孩子平静下来，再总结经验教训。

学生出走，更重要的事情是预防。预防主要有两个方法。一个是平日留心学生中的动态。出走的学生在出走前情绪会出现异常，学生中也会有些骚动，细心的、有经验的老师不难发现这些动向。及时做一些工作，适当做些让步，稳住学生是完全有可能的。另一个方法是做心理测验。早期记忆分析可以告诉我们哪些学生爱冲动，五项图和词语联想则可以显示哪些同学心理压抑已经到了临界点。有些内向的孩子出走前行为表现未见异常，但心理测验却会发现异常，这些异常几乎一望而知，不需要特别的专业训练就能看出"不对劲"，于是就可以及时做工作了。

还有一个问题是，要当心班级的"出走文化"。有的孩子出走有学生舆论支持，大家倾囊相助，争相协助安排落脚之地，而且对教师封锁消息，出走归来大家把他看成英雄。这种班风很不好，会鼓动其他人出走。遇到这种情况，班主任就需要反思，那证明您已经严重脱离群众，成了蒙在鼓里的孤家寡人，一定是工作有重大失误，把学生都推到对立面去了。经验告诉我们，如果有良好班风，即使有学生要出走，同学也会劝他别走，一旦劝其不听，也会有学生及时通报教师的。学生出走而教师浑然不知，这说明班风有问题，班主任工作可能也有较大疏漏。

依我的经验，完全偶然的"激情出走"是很少见的，几乎所有的学生出走都经过长时间的酝酿，出走者会有思想斗争，而且会释放信号看家长和教师的反应，再说学生出走的原因也没有什么大不了的，因此我认为，绝大部分学生出走是可以阻止的，关键在于家长和教师能不能了解孩子的心理状态。

（北京教育科学研究院　王晓春）

［学生出走应对流程图］

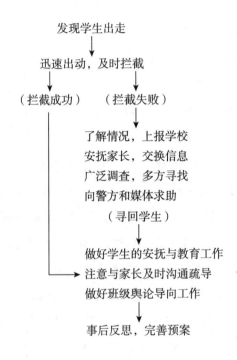

（策划　陈雪娇　班主任之友杂志社）

第二章
意外伤害

　　校园意外伤害是一类常见的学校事故，包括过失性人身伤害、突发疾病、交通事故等。这类事故的特点是：突发性强，处理不及时可能对学生的身心造成永久伤害；责权复杂，多方牵涉，应对不合理容易在学生、家长、学校和班主任个人间形成矛盾，给学校正常的教育活动带来隐患。

第一节　意外伤害的预防

一、提高避险意识

［案例］迟早会发生的意外

气温骤降，从 27 度一下到 4 度。风刮了，雨也下了，早晨不用出操。

早操铃响之前，我就来到了教室。铃响过后，迟到的学生比昨天多。我守在教室门口拦住迟到的学生，除了几个请假的，被拦的有小辉、小茜、小锐、小源和小颖。我让他们每人做 50 个俯卧撑后进教室，两个男生做完后就进了教室；女生只是做做样子，我没管，就回到办公室。再回教室时，只有小颖没进教室，在门口流泪。班长劝她回教室，我也叫她回教室，她说她没做完，非要做完才进去。我进了教室，心想她难道准备在外面待一早晨？再走出教室时，发现她趴在地上，已经不能说话。我赶紧抱起她，叫上班长、卫生委员，拦了一辆车把她送到医院。车上，她的手冰凉，我紧紧握住她的手，不停地呼唤她，心想千万不能出事！

到了医院，马上输氧、输液，慢慢地她有了一些反应，但我还是不放心。医生给她量体温，她都夹不住，我用手捏着体温计，蹲在床边给她量。量了三次，我的腿都蹲酸了。

去医院之前，我用司机的手机打通了一个同事的电话，请他送钱来。他到医院时说了"杨不管"的事（2008 年 6 月 12 日，安徽省长丰县双墩镇吴店中学有两名学生上课时打架，其中一人死亡；授课教师杨某当时没有阻止，也没有送被打学生去医院，被网友称为"杨不管"）。

听到这些，我大哭几声后不省人事。再醒过来时全身乏力。我望着墙角的日光灯，怎么也止不住自己的泪水。医生忙着给我输氧，我还起不了身。班长看到我在哭，就一个劲儿地劝："老师，你别哭，你哭我很难受。"可我就是止不住眼泪，我是担心小颖啊！

小颖在医生的救治下终于脱险，我们办好出院手续返回学校。我让一名学生陪她在宿舍休息。

我下午上课说起此事时，怎么也忍不住泪水。我叮嘱学生，要爱惜自己的身体，千万不要犟，有什么事情要跟老师说清楚，说明白。

晚自习时收集学生对我的评价，一个学生这样写着："班主任，您人性化、宽容一点儿更好。外面冷风吹不得，流感季节感冒了就不好了。迟到惩罚我们没有错，但罚得太过，非'仁'，亦非'中庸'。"

好在没有出什么大事，也没有造成什么不良影响。后来卫生委员（他是小颖高一的同学）告诉我，小颖不仅有低血糖，还有先天性心脏病！听后，我有些后怕。

（湖南省衡南县第一中学　陈贵华）

【评析】

或许很多老师会遇到这种问题：对学生的"隐疾"毫不知情，稍有不慎，便可能会酿成大错。在本案例中，教师的惩罚方式固然不对，但教师对学生如此重大的病情毫不知晓，这场意外是迟早会发生的。作为班主任，光做好日常管理工作还不够，还要有一定的避险意识。最好能在开学时就向家长了解每个学生的身体情况，建一份班级学生身体健康档案，对患有遗传疾病、慢性疾病尤其是传染病的学生要特别关注。

二、做到有备应急

［案例］应急小组显奇效

我们知道，在班级管理中一些突发事件如打架、受伤等，时有发生。如果老师处理得不及时，采取的措施不得当，会造成更严重的事故。而如果在班级中成立一个突发事件应急小组，各小组成员能在第一时间各司其职，就能帮助班主任在最短的时间内将突发事件控制在最小的范围之内，从而降低不良影响。

我在一个农村小学支教时遇到的一件突发事件让我感受颇深。

那是课间十分钟时间，我正在办公室里备课，这时班长海珍匆忙地走进来，向我小声报告说："世立割伤手了。"

我听了不禁心里一慌，要是割到了动脉，那是很危险的，于是我赶紧扔下手头儿的工作，赶去教室。

在楼梯上看到了副班长如霞和体育委员家杰匆匆地走下来，时间匆忙，我没来得及问他们去哪儿，径直到了教室。

教室里还算比较安静，世立的旁边围了四五个学生，卫生委员春妍和纪律委员碧玉也在其中。看到世立强忍着疼痛并略带一点恐慌的表情，我知道自己要镇定下来，不要让学生看到自己六神无主的样子因而更紧张。特别是出血这样的情况，如果学生过于紧张会出现晕血，或心跳加快，从而使血流得更快，甚至会造成晕厥。所以我强装轻松地拍着他的肩膀，安慰他说："放心吧！不是很要紧的。"世立只是默默地看着我，没有出声。

卫生委员春妍正用右手大拇指叉在世立的虎口向下捏着他的左手大拇指内侧伤处向上拉，左手托着他的手肘部，将他的手举得高过心脏。看到这个情形，我才定下心来，看来班干部第一时间处理得还不错。

"让我看看伤口。"卫生委员的手刚松开，血马上又从伤口冒出来了，伤口还比较长，好在不是很深。不过自动凝血看来是比较困难了，必须用止血药进行包扎。当还略带点紧张的我正想找东西处理时，副班长如霞已提着药箱赶到了，原来刚才她是去教导主任那里拿药箱了。

简单帮他包扎好伤口后，我开电动车带上世立开往学校门口。

一到校门口，体育委员家杰已经把大门打开了，他在应急小组的职责是第一时间去校长室拿锁匙开大门，等我们出去。

出了校门，我们就直奔离学校最近的乡村诊所。医生看到世立一直举着手，不由得赞叹说："不错啊！懂得将手举得高于心脏，降低血流速度。"

世立苦笑着说："是我们班主任教的。"医生向我投来了赞许的目光。

整个处理过程我们用了不到 15 分钟，还算迅速，这全得益于平时组建的应急小组的高效运作。

在支教时，我知道农村小学的班级管理会比城镇更复杂些，所以在接班时，我就想到了一定要抓安全教育，特别注重防火、防煤气中毒、急救止血、溺水抢救等知识的学习和演练，并组建了突发事件应急小组，以班长、卫生委员、纪律委员及体育委员为小组主要成员，明确各人的职责和应急流程，并多次进行有针对性的演练，使他们对自己的职责和流程烂熟于心。当突发事件发生时，卫生委员和纪律委员负责处理现场（维持秩序和简单处理伤情），班长负责通知班主任或校长、主任，副班长负责准备药箱，体育委员则视情况拿校门钥匙。应急小组在第一时间开始行动，各司其职，用最短的时间采取最有效的措施准备所需的一切，等班主任到来后就能马上处理，不耽误宝贵的时间。

（广西壮族自治区灵山县灵城镇第二小学 纪雪林）

第二节　意外伤害的处理

一、意外伤害处理打"四针"

（一）有备无患，早打预防针

"杜老师，不好了！你们班出事了，小萍的头被晓华砸破了！"急促的声音从手机里传过来，是同一个办公室的陈老师打来的电话。

我心里咯噔一下，赶紧问："小萍人怎么样了？现在在哪里？"

"流了好多血！我正和你们班的学生送她到医院去。"陈老师说。

"谢谢您！我马上过来！"我放下手中的资料，快步走出打印室。这个晓华怎么这样？1.75 米的大男生，怎么还欺负一个女孩子，还把人家的头给打破了？"绅士淑女大课堂"怎么讲的？心里念头虽多，可脚下丝毫不敢放松，3 分钟后我就赶到了学校对面的医院。

【反思】

"凡事预则立，不预则废"，班主任需要对班级中可能发生的事情有一定的预见性，早早打上预防针，事先准备好应急措施，有备方能无患。初中生处于青春期，大多数活泼好动，逆反心理强，随时随地都可能发生些意想不到的事情。

因此，我在班上建立了应对危机的四级应急预防机制。第一级，若本班同学出现打架或者争吵等突发状况，在旁边的同学无论男女都要加以劝阻；第二级，任何在场的班干部都要第一时间到办公室通知班主任；第三级，班主任不在办公室，请任课老师处理；第四级，老师不在办公室则到行政楼找校领导。建立机制后，我们在班上还多次模拟演习，以便学生熟记于心。此次事件第一时间能得到处理，在很大程度上得益于四级应急预防机制的建立，早打了预防针。

（二）临危不乱，快打镇定针

手术室门口围满了人，几个女生眼睛红红的，晓华站在人群后，身子微微有些发抖。再怎么调皮都只是个 15 岁的孩子啊，想到这里我的怒气少了许多。

看见我来了，陈老师打了个招呼又赶回去上课了。学生们都低着头，等着暴风骤雨的来临，晓华更是往后退了好几步。

训斥？责骂？处罚？我定了定心神。

"班长留下，其他人都回去上课，没事的。"我低声命令。

晓华走在人群的最后，走到我面前时，他停了下来："老师，我……"似乎不知道说什么好，他一只手在口袋里面乱摸，抓出一把零钱："这给小萍付医药费。"他涨红了脸。

"你先回去，这里有我。"我把钱塞给了他——这小子还算有点责任感。

等学生都回去了，我问了班长事情的经过。

原来上节课是体育课，下课后大家都很渴，在教室里面喝水。后排的晓华要喝水，就把自己喝过了的饮料瓶给前排的同学接水用。不知晓华是累了，还是偷懒，他没有将瓶子递过去，而是抛了过去。飞来的塑料瓶刚好砸到了小萍，顿时血流满面。接着有同学就来找我，我不在，他们就找了陈老师帮忙。陈老师马上就把小萍送到了医院。

我明白了这次是意外，让班长先回去上课，其他的事我来处理。

大约五分钟后，小萍出来了，头上用白纱布包扎起来了，脸上和身上还有些血迹。医生安排她去做皮试，准备打破伤风针。我悄悄地问了医生具体情况，还算幸运，只是额头被砸破了，缝了两针。

在等候皮试结果的时候，我一直陪小萍坐着，告诉了她诊断的结果，并给她讲了几个笑话，她的神情放松多了。

【反思】

其实，我一直很担心，如果砸到了眼睛，或是给砸破相了，事情该怎么处理啊？可是我不能乱。苏洵在《心术》中说："为将之道，当先治心。泰山崩于前而色不变，麋鹿兴于左而目不瞬，然后可以制利害，可以待敌。"班主任作为班级的管理者，要临危不乱，因为你的言行会给学生带来极大的影响，事情往往没有人们预想的那么糟糕。班主任不仅自己不能乱，还要及时给学生打好镇定针，稳住学生的心神，防止学生情绪恶化。

（三）攻心为上，巧打强心针

陪小萍打完针后，带她回到教室，我什么也没说。我想大家应该看到了小萍头上的纱布。据学生说，后面的几节课教室纪律特别好。

晚上我通知了双方的父母，请小萍的家长第二天七点半到学校来一趟，晓华的家长八点到学校。

第二天晨会课上我做了一次专题演讲，主题是"你的一不小心，也许会造成别人一辈子的痛苦"，大体内容如下：

"昨天发生的事，想必大家都很清楚。在这里我不批评任何人，也不想指责任何人。我只想说，你的一不小心，也许会造成别人一辈子的痛苦。我亲身经历过这么一件事：我的一个堂姐小时候聪明伶俐，活泼可爱，上小学的时候几乎每次考试都是全年级第一名。可是，一切都因为一个人发生了改变。刚上初一的时候，她的一个同学在教室里玩那种可以喷火的烟花，一不小心喷到了她的右眼。她那个同学肯定不是故意的。可是他的一不小心，却给我堂姐带来了一辈子的痛苦。我堂姐虽然做了手术，换上了假眼，但那毕竟是假眼啊。家里为此背负了几万元的债务，堂姐也没有心思再读书了，读到高中就辍学了，现在几乎每天都以泪洗面。"

"我们为什么要制定那么多的法律和规章制度？就是为了避免'一不小心'。教室里面不能玩火，不能乱扔东西，这些规矩我们强调过不止一次，为什么还有'一不小心'呢？"

【反思】

突发的、重大的事件有极其可贵的教育价值，既然遇上了，就应该深入挖掘，让这个事件成为学生成长和成人的良好教育素材，要给全体学生打上一针强心针，让他们的心灵受到震撼。学生通过这次事件能深刻地认识到，一个人的礼貌行为不仅仅体现了个人的素质和教养，而且关系到他人的安全和幸福。"你的一不小心，也许会造成别人一辈子的痛苦。"我希望这件事之后学生能牢记于心。

（四）三方互动，乐打防疫针

七点半，小萍的父母都到办公室来了，气势汹汹。特别是她父亲，嗓门特别大，好像要将愤怒和不满的情绪一股脑儿全倾倒给我。她母亲则是眼睛红红的，应该哭过。也难怪，谁的父母能够看着乖巧的女儿早上好好地出门，晚上回家时头上缠着绷带呢？在他们的质问声中，我什么也没有说，默默地听着，同时拉来两把椅子，又泡了两杯茶。待两个人心中的怒火发泄完了，坐在椅子上喝了口茶，情绪缓和了许多后，我才一五一十地把事情的经过告诉他们，同时将医生的诊断结果详细地说了。两位家长听我说的和昨晚小萍告诉他们的情况一样，火气又消了不少。办公室老师都帮腔说这事儿就是一个意外，几个老师还聊起小萍是如何的乖巧，两位家长结冰的面颊终于解冻了。

我估摸着晓华的家长快到了，就到办公室门口张望。果然，晓华的父亲来了。我把他拦在门口，担心昨晚晓华没有告诉他详情，就把大致情况给他讲了一遍。另外，我让学生把小萍喊来，给晓华的父亲看了一下。这个满面皱纹的男人看后，叹了口气，只说了句："该怎么处理就怎么处理吧！"接着，我就和双方的家长商量了处理方案。第一，晓华虽是不小心，但这是他犯的错，应付全部责任，支付所有医疗费。第二，晓华违反班规第十二条，应在全班同学面前检讨，并向小萍道歉。第三，以后小萍头上有什么疤痕双方家长协商解决。而后，双方家长互留了电话。

后来，听说晓华的母亲带着他提着礼品到小萍家登门道歉。再后来，小萍头上的疤痕一天天消除，几乎都看不到受伤的痕迹了。

经过这件事后，在教室打闹的事情几乎绝迹，学生们更加有礼貌了。

【反思】

校园突发事件的处理一般牵涉三个方面：两个对立的家庭加教师（主要是班主任）。对立双方的矛盾集中点大多是具体的事件而非个人，并没有复杂的利害冲突；教师是双方子女的共同教育者和管理者，有调和的机会以及沟通的职责。教师需将事情原原本本地告知双方家长，并在其中起调和与化解的作用，是应该能够做到的。只有三方互动，共同商议，一起对事情进行处理，才能不留后患。教师不能抱着怕麻烦、逃避的心理，而应乐打防疫针，预防可能出现的纠纷，避免给自己和双方家长带来更多麻烦。

（江苏省高淳县阳江镇沧溪中学　杜　亮）

二、处理意外伤害要果断

［案例］学生上学途中发生车祸怎么办

刚到教室电话铃就响了："李老师，出车祸了！"我一惊赶紧问："在哪里？伤得怎么样？什么车？"待学生清楚地回答出具体出事地点和大致伤情后，我稍微安定了一些。学生们神志清醒，暂时不会有大碍。

我赶紧带了几千元现金和银行卡，对副班主任交代几句，立即打车赶往学生出事地点。这起交通事故是这样的：两辆出租车撞在一起，一辆车侧身被撞坏了，学生乘坐的那辆车的车头则完全变形。我立即对肇事司机说："请把你的驾驶证交给我！事故责任我不管，你们找交警。现在我先带孩子们去医院，你准备五千元现金来换驾驶证。"司机有些犹豫，我当即对他说："救治伤员要紧，如果因为你的延误造成损失，一切后果由你负责。"他没有办法了，交出了驾驶证。

然后，我立刻带着孩子们换乘其他出租车去医院。趁孩子们上车的间隙，我与肇事司机互留了手机号码，并让他随时保持联系。这起事故中一共有三个孩子受伤：凯伤得最重，额头、嘴巴均有伤口；勇鼻孔流血；帆看起来没大碍，只是说头晕，想呕吐，我心里咯噔了一下：会不会是脑震荡？

路上我问孩子们为什么不打120，孩子们说司机打了，但是救护车忙，没有来（后来我才知道，从前一天晚上到第二天早晨，县城里发生了多起交通事故，轻伤120根本无暇顾及）。问清楚情况之后，我分别给三个孩子的父母打了电话，简单地通报了车祸情况，并告诉他们我正在护送孩子去医院。

幸亏来的时候带了几千块钱，当医生给孩子们做完CT检查，把伤口初步处理好之后，我口袋里只剩下不到三百元了。这时，第一个家长才赶到，肇事司机还在来医院的路上。我把事情经过及处理情况给家长说了一下，他很感激我这么快就做出了反应，并掏出三千块钱，说要还给我。我说这医院里来人往，扒手也多，就放他身上代管吧，等肇事司机来了之后再说。

不一会，肇事司机来了，送来五千元现金，说交警队正等着他的驾驶证。我还给了他，告诉他当时情况紧急，我只有这样做了，请他理解和原谅，并告诉他幸亏孩子们伤得不很重，真是不幸中的万幸，但估计后继医疗费还要三四千，请他今天下午至少再准备五千块钱，交到医院住院部。保险公司结账的时候，我们会把所有发票全部给他，所有费用支出全部以医院的发票为准，多退少补。司机千恩万谢地走了。

不一会儿，保险公司来人拍照，核实事故情况，我和家长一起接待。孩子们全部安顿好之后，已经是上午11点了。帆说还是有点头晕、想吐，脸色有点白。但CT结果显示颅内并没有出血现象，也没有骨折。我估计是受到了惊吓，让他继续留院观察。

我跟家长和孩子们交代：发生意外事故，第一个12小时最危险，不要乱动，也不要擅自触动、抚摸自己的伤口，一定要以专业人员处理为准。然后，密切注意第一个24小时的反应，有呕吐、头晕等现象马上报告给医生，以防颅内出血危及生命安全。同时，也告诉他们，不要太紧张，一般48小时之后，就没有大问题了。家长全部来了之后，我把孩子交给他们后才去学校上课。

一个星期后，伤得最重的凯也已经拆线出院了。我陪家长和肇事司机一起带他们去做法医鉴定，并到交警大队接受赔偿调解。我告诉家长，我们该要的赔偿要，不该要的也要不了，提出要求要合适，即合法合情合理。根据《中华人民共和国道路交通安全法实施条例》和《道路交通事故处理程序规定》，我们可以获得的赔偿主要有医疗费、误工费、护理费、交通费、住宿费、住院伙食补助费、必要的营养费。这些费用不是说我们想怎么定就能够怎么定，国家都有相应的规定，到时候请大家注意一下。整个事情处理完毕后，家长都很满意。

【反思】

通过以上案例，可以总结出处理学生交通事故的四条基本经验。

第一条，基本原则是尽快救治伤者。要做到：出事后，先打120急救电话和122交通事故报警电话，寻求警方和医院帮助。120和122若来不了，自己马上带好现金先把伤者送往医院救治，再谈事故处理。运送、救治伤员的顺序是先重伤，后轻伤，送医时应选择就近、资质好的医院。检查的要求是无论有无外伤，均应做头部、胸腔等重点部位的精细检查。切忌让有内伤嫌疑的孩子提前出院，一定要留院观察一段时间。

第二条，协调各方关系，争取后续处理主动权。要求肇事司机预交足额治疗费，对家长解释相关的理赔知识，和交警部门主动沟通，都是为了争取主动权。沟通时要确保自己理智冷静，不能急躁、冲动，觉得为难时，一定要报告学校，由校方出面联系有关人员。

第三条，细心保存证据，确保事情妥善处置。如果有人手，在交警到来之前一定要确保车祸现场不被破坏，以便交警明确责任。医院所有票据一定要妥善保管，如果学生家长不在家，或者托管人年龄过大、记忆不好，最好暂时由班主任保管。

第四条，记住自己的角色，不要越位和包办。一定要记住自己的角色：你只是学生的班主任，你只是学生的老师，无论是前期的医疗救治，还是后期的人身损害赔偿，具有法律资格的是学生家长，你一定不要越位包办，千万不能强出面硬做主，不然会惹上不必要的麻烦。

（湖南省邵东县两市镇第一中学　李　云）

第三节 如何处理因意外伤害引发的家校纠纷

[案例] 学生突发伤害导致家校纠纷

晚饭后,学校门卫打来电话说我班的学生小萌摔伤了,让我直接去医院,于是我冒雨急匆匆往医院赶,边赶路边给小萌的妈妈打电话。

到医院时,值日教师正带小萌做检查。我边查看小萌的伤势,边询问受伤的经过。小萌告诉我,晚自习后,他和好朋友小伟较晚才出教室;两人见校门口没人值班(此时值日教师去教室巡查,门卫去清扫厕所了),天又下着雨,就在校园里骑上了自行车(学校是禁止学生在校园内骑自行车的),还飙车,结果小伟的自行车剐了小萌的自行车,小萌就从车上狠狠地摔了下来。

小萌的妈妈来了,见儿子受伤心痛不已。当看到诊断结果是"左脚骨折,需住院治疗"后,她很气愤地质问我:"我儿子早晨来上学时还好好的,在学校待了一天,却要躺到病房里。老师,这到底是怎么回事啊?你得给我解释清楚。"

我能理解她此时的心情。在安顿好小萌后,我告诉她事情的经过小萌已经告诉我了,但还需听小伟的解释,我得先回去调查;孩子的身体是大事,现在要紧的是给孩子治疗,其他的事情再慢慢来处理。

从医院出来后,我去找小伟。小伟是个单亲家庭的孩子,母亲四处打零工,生活十分拮据。见到小伟时,他独自在家,承认是自己的车剐了小萌的车。当他得知小萌左脚骨折的时候,半天没说话。趁此机会,我告诫他今后骑车一定得小心,同时宽慰他会有办法的,让他等他妈妈回来后告诉她发生的事情，并建议他和他妈妈第二天一起去医院看望小萌。

第二天上午，我一直在等小伟妈妈来处理问题，但她没来，甚至连电话都没打一个。我打电话过去，她说她知道了，但没时间来，也没钱给小萌治病。

我再次来到小伟家，漫长的等待后，他妈妈终于回来了。首先，我体谅她的难处，然后向她讲明了事情的经过，讲了她作为监护人应当承担的责任。在我的劝说下，小伟妈妈终于同意见小萌妈妈，并答应协助处理好整个事情。

双方家长见面后，小伟妈妈一个劲儿地说对不起，批评小伟不懂事，还不停地叹自己命苦，一把鼻涕一把泪的。也许是见小伟家长的确没钱，也许是因为两个孩子是好朋友，小萌的妈妈不仅没让小伟承担责任，还宽慰小伟妈妈说："这事责任不在小伟，要怪只能怪学校管理不到位，我们一起找学校解决……"家长协商解决医药费的想法成了泡影，我只能把事情的经过全部汇报给校长。

出事第三天，小萌的父母找到校长，态度很不友善，说事情都发生几天了，还没给个答复，又说："孩子是在校内受的伤，学校就应当负全部责任，跟别人家长有什么关系？"校长解释说，学校只能为管理不力承担相应的责任。小萌父母一听，态度更加强硬，还抛出了"三个必须"的处理方案：第一，学校必须马上安排老师到医院照顾小萌；第二，学校必须承担所有的费用，包括住院费、营养费、误工费、生活费等；第三，小萌到校后，科任教师必须无偿为小萌补习功课。校长与小萌家长协商未果，拒绝了这些要求。

小萌的父母怒了，为了达到目的，他们在网上大做文章，歪曲事实，混淆视听，还散布了许多有损学校形象和部分教师人格的言论。

在多次沟通无果后，小萌父母一纸诉状将学校告上了法庭，法庭通过调查取证，最后判决整起事件，小伟负主要责任，小萌负次要责任，学校因管理疏忽承担相应的责任。这样一来，小萌也要承担一定的费用，学校承担的只是少部分。面对判决结果，小伟妈妈怎么也想不通：明明告的是学校，最后怎么轮到自己承担多数费用呢？小伟妈妈不服，再次上诉，二审依然维持原判。

小萌的病治好了，纠纷也解决了，可当他回到学校时，几乎所有的同学都躲着他，老师们也不由自主地疏远他，生怕哪点儿无意的伤害，又被他家长告上法庭；小萌好像也意识到了这些，惶恐不安，孤零零的。

望着孤独、忧郁的小萌，我无限伤感：曾经那么活泼、阳光的孩子却因为这么一件事，留下了抹不去的阴影。身体的伤可以治愈，但心灵的伤口能治愈吗？

（湖北省远安县实验中学　杨先华）

【评析1】最好不要对簿公堂

对待教育事故，我们最好的办法就是预防，让它不萌芽、不出土。可是老猫也有打盹时，万一防不胜防地发生了意外，我们的处理原则应该是大事化小，小事化了。不到万不得已，最好不要与家长对簿公堂。

从学校或者老师的角度看，与家长对簿公堂，一般赢少输多。这有两点意思：其一，学校或者老师赢官司的几率小；其二，学校或者老师即使赢了官司，也会输了名声，得不偿失。在杨老师提供的这个案例中，本来学校负的责任很小，但经过小萌家长"网上大做文章"和诉诸法院的搅和，人们或许会不分青红皂白地对学校产生不信任感。学校一旦出现信任危机，声誉就会直线下降。虽然最后的判决结果很公正，但也难以彻底消除这起事件在社会中造成的负面影响。

从家长的角度看也是如此，与学校或者老师对簿公堂，即便赢了官司，获得学校或者老师的一些补偿，但由此对孩子心灵造成的伤害却是一生的，是再多的金钱也换不回来的，甚至可能因此改变孩子的命运。

这个案例如果按以下方法处理，或许可以避免双方的尴尬并降低对各方造成的伤害。学校在双方家长协调不成的情况下，可以分别做双方家长的工作。一方面，对小伟妈妈可以说服她要勇于承担责任，如果她家里实在拿不出医疗费，学校可以先帮其垫付，或者先借一些钱给她。另一方面，要想方设法说服小萌家长。小萌是受伤的一方，其家长是矛盾的主要因素，说服了他们，就算平息了事件。

学校可以说的要点是，孩子们毕竟是要好的同学，一旦撕破了脸，对双方孩子的关系和成长是不利的；不要得理不饶人，你退一步，别人或许会敬你三分；家长不能为了钱，什么都不顾；等等。如果说服不起作用，学校还可以带些礼品，设法找到与小萌家长关系亲密的第三方来进行劝说。社会实践证明，这样的曲线行动往往会有很好的效果。如果这样的做法奏效了，能够使三方免于对簿公堂，还是很值得一试的。

同时，杨老师的案例还带给我们这样的启示，一旦遇到难缠的家长，只要理正，就可以理直气壮地面对。如果家长非要找学校的麻烦，老师要不惧不怕，挺直腰杆，坦然面对，是自己的责任要勇于承担，不是自己的责任，也不允许家长随便往自己身上推。不能否认，有个别心术不正的家长，只要孩子有点儿头疼脑热，动辄诉至媒体或法院。他们把学校当作了一台可以随便榨油的机器，总想从里面揩点儿好处。

当然，学校最好按严格规范的程序实施教育行为，要尽最大努力将教育事故消除在萌芽状态。

（安徽省淮南市孔店中学　王庆绪）

【评析2】用法律说话

学生伤害事故导致家校纠纷的事例在我们身边还有很多。这类纠纷如果处理不好，不仅影响学校正常的教学秩序和声誉，还有可能破坏学校及其周边环境的安定。教师如果熟悉相关的法律法规，不仅可以妥善处理此类纠纷，还可以运用法律武器保护自己的合法权益不受侵害。

人们通常认为，学生在学校里出了事故，学校就一定要对此承担全部责任。尽管这是一种错误的认识，但学校如果因此不做任何表示，家长也是很难接受的。最常见的做法便是家长在学校无理取闹，更有甚者纠集一帮人围堵学校。有鉴于此，学校最好还是适当施予援助。对于学校无过错不需要担责的事故，或者学校仅有轻微过错仅需承担轻微责任的事故，学校如果一推了之未免太过冷漠和绝情，说不定还会激怒家长，有碍于纠纷的妥善解决。对此，学校应当本着负责任的态度，学校有过错的，应该主动承担相应责任，适当地进行赔偿；学校没有责任的，也应该在力所能及的范围内给予家长一定的经济补助，还可以倡导全校师生进行募捐，尽可能地帮学生家长减少经济上的损失，帮助其渡过难关。

作者在案例中交代，"学校是禁止学生在校园内骑自行车的"（按照常理，一般学校都有这个规定）。学校有这项规定，小萌和小伟却偏要在放学后在校园里飙车，导致意外发生。依据《学生伤害事故处理办法》第十条的规定，"学生违反法律法规的规定，违反社会公共行为准则、学校的规章制度或纪律，实施按其年龄和认知能力应当知道具有危险或者可能危及他人的行为的"，责任由学生或者未成年学生监护人承担。本案例中的两位当事人显然都是10周岁以上的学生，属于限制民事行为能力的学生。按两位当事人的年龄和认知能力，应当知道在校园内飙车是违反学校规章制度，而且是有一定危险性的，因此，对于此次事故的发生，两位当事人应负主要责任（如果当事人年龄太小，无法承担赔偿责任，那么赔偿责任则由其监护人承担）。

根据《中华人民共和国侵权责任法》等法律的规定，学校在学生伤害事故中需要承担过错责任，即学校在教育、管理和保护学生上面存在过错，导致学生伤害事故的发生时，就需要根据自己过错的大小承担与过错程度相适应的法律责任。在本案中，两名学生违规在校园内"飙车"，是伤害事故发生的主要原因，但是根据案例中的描述，此次意外事故发生的学校确实存在着"未尽到管理职责"的情形。事故发生时，"值日教师去教室巡查，门卫去清扫厕所"，学校因为值日教师、门卫等人员没有及时发现和制止学生的危险行为，也具有一定的过失，学校应当依法承担相应的责任。

当然，学校虽疏于监管需要承担相应的责任，但其在学生伤害事故中的过错是次要的，因此只承担一小部分的赔偿责任。

对于小萌家长索赔不成，"在网上大做文章，歪曲事实，混淆视听，还散布了许多有损学校形象和部分教师人格的言论"的问题，学校或者相关老师可以先对其进行警告，如果警告无效，可以出具相关证据向法院提起诉讼，要求对方停止侵害，恢复名誉，消除影响，赔礼道歉，并视情况赔偿相应的损失，减少对学校和教师声誉造成的负面影响。

总之，面对胡搅蛮缠和无理索赔的家长，老师要学会用法律说话，正确运用法律武器保护自己。

（广东省广州市江南明珠小学　王　涛）

【评析3】刚柔相济，借助外力

教师处理这种家长不依不饶或狮子大开口的事情，首先要参照有关法规。很多地区都有处理这类伤害事件的条文，照办就是，该怎么处理就怎么处理，该怎么赔偿就怎么赔偿，不必与家长费更多唇舌。这是首选的办法。但有些地区并无此类法规，这就比较麻烦了，需要协调。如果家长情绪很大，最好先做安抚和开导的工作。据我的经验，这种家长，往往是目光短浅、贪小便宜的人，或者是报复心过强。他们最大的失误是忽视了自己孩子今后的处境。这样闹，或许能得点儿蝇头小利，或者出一口气，但是家长和孩子的名声可就被毁掉了。以后让孩子如何做人？像本案例中的小萌，就吃了这个亏。家长自以为是在护孩子，其实是害了孩子。再有，可以告诉受害人家长，什么事不可过分，过分了，激怒了对方家长，也可能会出其他问题，学校可就管不了了。

有的家长发现班主任好欺负，不与对方家长争斗，也不直接找校领导，而揪住班主任不放，想通过班主任对学校施压。遇到此种情况，班主任可以用以下说辞脱身（客客气气地对家长说）："我理解您的心情。学生打架，我作为班主任有责任教育他们。至于怎样赔偿，这其实不是班主任能决定的，应该依照法规处理。现在我们地区没有此项法规，我只好出面联络一下，看看双方家长能不能在赔偿金额上取得一致。但是请您注意，我不是法官，我的话没有法律效力，我也不是家长的上级，我只是居中调停而已。如果你们双方不能达成一致，我没有权力强迫任何一方，否则我就违背法律了。万一情况如此，下一步怎么办，就由你们家长双方自己看着办了，你们可以私了，也可以对簿公堂，我都没意见。你们把我告到教育局或法庭我也没意见，那样更好，因为上级和法庭会锁定我作为教师应该负什么责任，而绝不会把我不该负的责任搁在我头上。我们是法制社会，大家都应该相信法律。"

还有一个办法是靠人际关系协调。这是中国的传统办法，托人说情。家长总会有亲戚朋友，找个能说进话的人疏通一下，或许也能解决。如果还不能解决，可以由学校领导出面，召集双方家长、班主任和家长委员会负责人一起商讨此事的处理意见。必要时可以请教育局派人参加。学校先拿出一个方案，大家讨论，最后争取形成一个大家都能接受的方案，特别是赔偿金额，力争双方认可。如果无法达成一致，那就宣告谈判破裂，诉诸法律。

本案例中学校拒绝受害人家长提出的三个"必须"是正确的，但当受害人父母在网上攻击学校的时候，学校反应迟钝了，应该立即在网上澄清事实，至少让网友同时听到两种声音。法院判决之后，学校应该把判决结果在网上公布，以正视听。网络是很厉害的东西，弄不好就三人成虎，千万不可掉以轻心。

（北京教育科学研究院　王晓春）

［意外伤害应对流程图］

出现意外伤害

↓

控制现场，查看伤情

↓

安抚学生，视情就医
酌情上报，联系家长
调查分析，查找原因

↓

教育沟通，商议赔付

↓

事后反思，完善预案

（策划　陈雪娇　班主任之友杂志社）

第三章
校园暴力

　　近年来，校园暴力事件时有发生，师生、生生冲突，还有校外人员入校行凶，这些都给宁静的校园蒙上了一层阴影。面对层出不穷的校园暴力事件，作为班主任，我们能够做些什么呢？

第一节　如何应对师生冲突

［案例］教师"体罚"学生

一天上午，某市城郊初中发生了教师"体罚"学生的事情。

课堂上，张老师叫了一男一女两位学生回答问题，学生小伟觉得两名同学有"关系"故意高声大笑，引起其他人起哄。下课后，张老师把小伟叫到办公室批评教育。张老师当时正在气头上，就训斥小伟说："你不会学习，就会破坏课堂纪律，而且思想上有问题。"小伟不服气，不停顶嘴，还准备摔门而去。张老师勃然大怒，一边用身体拦住小伟，一边用手拉他。小伟奋力挣脱，重重摔倒在地，爬起来后骂骂咧咧地出了校园。

午饭后，家长带着小伟找到校长，说张老师体罚小伟，导致其右肘淤青，要求张老师支付医药费并赔礼道歉。校长一边安抚家长，让其先带小伟检查治疗，一边安排张老师晚上去探望学生，表达歉意。事情渐渐平息下来。

没过几天，意外发生了。起初，小伟的右肘只是有些淤青，家长也觉得没什么，涂了点跌打损伤药就算了。几天后淤青处开始红肿，并伴有灼痛感，手臂不敢伸直，到医院检查后发现关节骨折，治疗费用可能要上万元。家长要求学校支付医疗费用，校长却认为这是老师的个人行为造成的，应由张老师承担责任，而学校只能协助处理这一事件。

学生的身体恢复是大事。小伟到省城大医院治疗，张老师一边筹钱，一边继续上班。因为治疗期没结束，病情还有可能进一步恶化，张老师承受了巨大的心理压力，甚至有离职出走的念头。好在学生的身体没有大碍，在几个医院相继治疗了一段时间后就出院了，一万多元的治疗费，全部由张老师个人支付。

本以为事情到此为止，谁料小伟的家长在营养费、误工费、生活费上狮子大开口，叫嚣着"没有十万不要说话，否则下一支膀子"。张老师实在无力负担，自己的人身安全也成了问题，每日惶恐不安。由于学校有言在先，"这是老师的个人行为"，所以家长不停地找校长扯皮，骚扰教师个人，还到区教育局告状……学校与家长多次协商，但因意见分歧太大，无法达成共识。张老师一边给三个班的学生上课，一边应付来自家长、学校领导的责难，精神上濒于崩溃的边缘。

新任校长快刀斩乱麻，迅速调整了处理问题的思路，认为学校理应承担其应有的责任——为了让张老师能够安心教书，让学生安心学习，只有通过法律途径才能彻底解决问题。几经周折，法院最后做出了判决：二人冲突致小伟右尺骨喙突撕脱性骨折，由被告张老师支付小伟医药费、营养费、误工费以及伤残补助等共计3.4万余元。判决后不久，学校一次性赔付2.3万余元（张老师个人已垫付1.1万元），同时给予张老师相应的纪律处分。事情终于了结，张老师情绪稳定，学校秩序迅速恢复正常。

（湖北省远安县实验中学　杨先华）

【评析】

理智的心态是预防师生冲突的第一要素。此外，学校要有完善的家校沟通平台、严惩恶意顶撞教师的制度。这样一来，若真的出现师生冲突，处理起来就容易得多了。（广西壮族自治区宾阳县新宾中学　李枝福）

当师生发生冲突时，希望老师不要把精力用于彼此对抗，或者担心谁输谁赢的问题上，而是把能量和精力放在问题解决上。老师在气头上时，暂时不要"解决问题"，要等自己足够冷静时再解决问题。再高明的语言技巧如果是叉腰瞪眼说的，都不会有好效果。多一些对学生的尊重，就会赢得学生对你的尊重；多一些对问题本身的思考，就会少一些师生间的冲突。

（山东省惠民县李庄镇中心小学　贾林美）

害怕打针吃药，最好的办法就是不让自己病倒，要想更好地保护自己，在处理学生事件时首先要有这样一个思想准备：一切有关师生暴力的赔偿都是事后处理，而且大都对老师不利。

学生犯错，肯定要承担后果，接受处罚，但教师处罚的方式一定要合理合法，否则在事件还没发生之前，我们就先把自己套在里面了。不出事则罢，一旦有什么风吹草动都会让老师心惊胆战。

我们处理师生冲突事件的一个重要前提是，看问题不能抱成见，而且在处理方法上不仅要合理，更要合法。处理不合法，只会让我们吃不了兜着走。其次，在处理问题过程中，既要讲究策略，又要讲究"情"。老师与学生发生矛盾后应主动与家长取得联系，如果让家长在听了学生的一面之词后有了先入为主的想法，再想控制事态就难了。同时，在处理学生问题时，不妨走"曲线救国"路线，先从其他同学口中了解情况，不一定要与学生发生正面冲突，引发不必要的麻烦。（湖南省桑植县第一中学徐大雄）

学校要让教师和班主任有安全感，否则面临问题的时候大家都很被动。首先，学校应该购置校方责任险，意外保险是针对学生的，校方责任险是针对学校的，两者可以相互支撑。事情发生后，有保险公司专人跟进，可以有效解决赔偿问题。其次，学校应该与一个有资质的律师或者律师事务所签订协议，遇到重大的意外伤害，律师可以及时跟进。教师再怎么学习法律也很难达到专业的水平，律师出面能很好地解决问题，省掉很多不必要的麻烦，也能有效规避教师的责任风险。再次，定期给教师特别是班主任开展案例式培训，形成紧急事件的流程化管理，事件一旦发生，各个层面的人员一并介入。（四川省宜宾市第三中学校　梁　岗）

遇到这类事件的时候，如何才能兼顾教师、学生、学校三方权益，使各方权益都能够得到相应的保障呢？

从国外的经验看，建立社会保险，转嫁赔偿责任，使校园突发事件赔偿社会化是一个不错的做法。2001 年 7 月 13 日，上海市发布了《上海市中小学校学生伤害事故处理条例》，首次尝试校方责任险，并于 2001 年 8 月 30 日由上海市教委统一为经本市各级政府主管部门批准的公办和民办中小学校投保校方责任险。学校投保了校方责任险，就可以充分利用保险工具防范和妥善化解校园各类突发事件的责任风险，解除学校和家长的后顾之忧，维护学校正常的教育教学秩序，保障广大在校学生的合法权益。

那么在突发事件中承担相应责任的教师该如何落实赔偿款项呢？我们看一下美国的做法。"二战"后，美国的校园突发事件呈大规模、急剧增加的态势。为此，1961 年，包括纽约州在内的 5 个州制定了《教职员赔偿责任免除法》。根据这部法律的规定，被判定为有责任的教职员的赔偿金将由学区教育委员会代为负担。这一立法受到了教职员团体及教育委员会联合会等组织的欢迎，并逐步得到推广。教师有管理学生的权利，有管理必然就有冲突，有冲突就可能造成意外，立法上的保障以及健全的社会保障制度有利于保护教师的合法权益。

此外，作为校园突发事件中的主要当事人，学生也应负相应的责任，学生作为可能的受害者，学校应鼓励学生的监护人为其购买合适的保险。目前，在校学生保险由主险和附加险组成，主险是学生平安保险，附加险是意外伤害医疗保险和住院医疗保险。购买以上三种保险，可以得到较为全面的保障。（江苏省南京市江宁中等专业学校幼教部 陈 斌）

第二节　如何保护学生

一、迅速反应，寻求外援

［案例］学生被打之后

早上我照例去教室查看学生的晨读情况，刚走到走廊，班长匆匆跑到我跟前，焦急地对我说："颜老师，不好了，小星被人打了！"我吃了一惊，疾步走进教室。

"那个人说小星昨天打了他家小孩，刚才带小孩来指认的。"

"刚才小星被他从座位上拉出来用皮线抽了两三下呢！"同学们七嘴八舌地汇报情况。

"他人呢？"我发现小星竟然不在教室，顿觉情况不妙。学生说小星被那个打人的男子带到教室外的绿化带了。我转身奔到门外，果然看见一个瘦高个儿、穿着红衬衫、留着络腮胡的男人凶巴巴地对着小星，手里拿着一尺来长对折好的两根粗粗的电缆线。小星背靠墙壁哭着，左边太阳穴处竟然有两道凸起的粉红色印痕！

我急忙拉过小星，指着他脸上的印痕问："这里是不是他打的？"小星朝眼前的男人望了望，欲言又止，只是哭。

"请问你有什么事？怎么能打孩子呢？"我知道小星受到了威吓，强压着怒火，尽量用温和的语气询问打人的男人。

"哼！你就是他老师啊！他昨天把我儿子的脸都抓破了，真是欠打！我刚才找你们校长没找到。"他东一句西一句地嚷着。

"哪个孩子被欺负我们都心疼，我们当老师的一定会弄清事情的原委并处理好，你不服气的话可以找校长。但是作为成年人，你怎么能打小孩呢？你这样做是犯法的，你知道吗？如果他家长知道了不是更激化矛盾解决不了问题了吗？"这个男子理亏，狡辩说没有打小星。我告诉他，我们一定会调查处理，并劝他赶紧离开学校。

看着小星脸上的印痕，虽然不是很严重，但是，我联想到在全国连续发生了几起危害校园安全的恶性事件之后，这样的人竟然堂而皇之地进入校园，还在全班学生面前抽打一个弱小的三年级学生，门口的保安是怎么放他进来的？学生们面对突如其来的暴力为什么不懂得自救？如果这件事处理不当会给他们留下怎样的心理阴影？……

我脑子飞快地转着。几秒钟后，我果断地把小星带到办公室，立即用相机把他的伤痕拍了下来，半天以后也许就不明显了。然后打电话报警了并告诉了校长。

经调查了解，这名男子是本地的小混混，有过前科。起先警卫不让他进校，但他谎称要给某个老师还钱，警卫便让他进来了。头天放学路上小星的姐姐看不惯这个打人男子的孩子辱骂女同学，便叫弟弟踢了他孩子一脚。

弄清了事情原委，我立即将详情告知小星的妈妈，并让她好好配合教育自己的孩子，尤其是女儿。至于那个打人男子及其小孩，由其班主任来沟通教育。

当我让派出所的民警看到拍摄的证据时，他们对此非常重视，第二天专门派两名民警到学校，分别对我和班里的目击学生以及当事人逐一调查询问，做好笔录。取证完毕之后立即把肇事者拘留了。

（江苏省连云港市许庄小学　颜玉婷）

二、深入调查，及时反思

[案例] 拨开迷雾寻根源

"你快点到石榴园来，你们班两个学生被一群不明身份的社会青年围殴了，估计伤得挺重，警察都来了十几个。"接到同事的电话后，我匆忙挂断电话，赶到出事地点。打人的社会青年早已跑散了，我班两个学生身上都是血迹，警察正在做询问笔录。两个学生说事情发生得比较突然，还没反应过来是怎么回事，就遭到手拿木棍的社会青年一顿暴打。当时只感觉人很多，场面很混乱，记不清楚了。当我问及为什么被打、最近是否和别班同学或社会人员发生纠纷或摩擦时，他们都否认了。来不及细问，我做了以下处理。

首先，立即通知家长。我用电话通知家长及时赶到，并安慰家长别着急，我会在现场帮助学生。

其次，迅速汇报给学校负责领导。事发前一天在同一地点也有十几个不明身份的人围殴了我班学生，这两起事件之间是否存在什么联系？必须及时上报领导。

再次，协助民警，调查取证。民警提出要把学生带回派出所做笔录，进一步弄清事实，我又赶紧通知家长赶往派出所，并陪学生到派出所。

最后，深入调查，寻找真相。询问学生被打的真相，他们始终守口如瓶，笔录内容出奇一致。我确信这两名学生是不会无缘无故被打的，背后肯定有隐情，只是不愿意讲。我找到班里事件的目击者，了解到打架的人中有几个是初三的学生，我心里顿时有底了。我叫来被打的其中一名学生问他被打是否莫名其妙，他没有回答，只是低着头。"我希望你能亲口说出这件事的真相，我知道你不说可能是为了我们班级考虑，觉得此事会影响我们班级的荣誉，是吗？如果是这样，老师感谢你对班级名声的维护，但是我也不希望你做事敢做不敢当。我还是想听听你对这件事的看法，现在结果已不是很重要了，重要的是你的态度，对自己、对家长、对老师、对别人，总要有一个交代吧。"

在我的劝说下，他终于说出了事情的真相。其实，打架的起因就是一句话，我班的一名学生在班上说初三的一名学生在外面混得很"垃圾"，初三的那名学生得知后，中午就跑到我班来找人理论，并威胁说下午要找人打他。我班的那名学生胆小害怕，另一名学生就帮他叫了几个社会青年，约好下午在石榴园见。但是那天下午还没等我班学生叫来的人到场，就被预先埋伏在那里的初三学生叫来的人打了个措手不及。一句话，就引发了如此严重的聚众斗殴事件。

【反思】

第一，学生为什么不愿意向老师或家长告知他们和同学之间发生的矛盾？这说明：学生不相信老师或家长能帮助他们解决问题，告诉后反而会受到老师或家长的批评。

第二，学生为什么为一点儿小事就要纠集社会闲散人员用"武力"解决矛盾？冲动让他们失去理智。为了所谓的"江湖义气"，请校外人员替朋友出气，想在朋友面前树立"威信"。这是个人英雄主义思想侵害的结果，值得教师警惕。

第三，班级信息交流工作严重滞后。如果班里的学生能及时把某些同学的异常行为上报，就有可能把事情解决在萌芽状态。糟糕的是，直到事情发生以后一位学生才来向我认错，整件事情其实他前一天就知道了。打架的同学曾经"邀请"他参与此事，被他拒绝了。

第四，自己估计不足，没有深入过问此事。事发当天中午我在办公室门口曾看见他们在草坪上商量着什么，神情凝重，非常神秘的样子，但当时也没多想，就觉得他们平时也这样聚在一起聊天，很正常，没有进一步询问他们情况。

（浙江省玉环县城关第二中学　冯利平）

第三节　如何处置学生打架

一、五步应对法

［案例］五步应对学生打架斗殴

处理学生之间的打架事件，考验着班主任的智慧和应变能力，但也有规律可循。我在实际工作中，总结出了"五步应对法"——从双方矛盾爆发到握手言和的处理流程，能有效提升班主任处理此类突发事件的能力。

第一步：视情就医

学生打架斗殴，往往会造成人员受伤。无论受伤的人数是多是少，伤势是轻是重，班主任（或在场老师）首先要考虑的是让受伤学生去医院。及时就医能防止延误伤情，这是"以人为本"，也有利于下一步处理学生问题时取得受伤害学生家长的配合。

就医分三种情况：学生没有明显受伤，可先送至校医室，或通知校医前来处理，听取校医的意见，再决定是否送往医院；学生明显受伤、学生本人或受伤害学生的家长要求送医院检查的，班主任或相关教师（责任教师、校医等）应及时送其就医；如果伤情比较严重，须通知 120 急救中心专业人员前来救治。同时，班主任或相关教师应立即向年级或校领导汇报。

这里要注意两点。一是学生如需送医要及时告知家长，但与家长打电话时要讲究技巧。打电话之前要大致了解事情的前因后果，以便应对家长询问。学生若伤情较重在电话中尤其要注意措辞，以免家长着急。二是到医院检查时，教师要将相关票据保存好，以此作为保险理赔或受伤索赔甚至司法鉴定的依据。

第二步：了解情况

发生打架斗殴事件，要在第一时间将双方当事人控制起来，避免事态进一步发展，及时找相关人员（包括现场知情者）了解事件的前因后果。了解情况是解决问题的关键，此处可分为三个环节：书写经过、分别问话、对比分析。

书写经过

学生到了办公室，不要问他们原因，先让他们隔离，给每人一张纸、一支笔，让他们将事情的经过写清楚。内容要包括起冲突的原因、打人（或被打）的经过，如打了几次、打的什么部位、用什么打的、哪些人参与等，末尾写上班级、姓名和时间。这是非常重要的一环。这既是了解事情真相的重要依据，也是界定双方是非和责任轻重的重要依据。让学生白纸黑字先写清楚，能防止学生"翻供"或家长无理取闹。有些学生，事后受人威胁，会否认当时所说的话；也有些家长，袒护孩子，相信自己的孩子，不相信其他同学的"揭发"或学校的调查，这时，书面材料就显得非常重要了。

分别问话

看完学生的书面说明，对事件有了大致的了解后，还要让当事人再叙说一遍。因为书写的经过不一定详尽（有些学生的书面表达能力很差），也不一定都符合我们的要求。通过问话，可以发现许多关键细节甚至新的问题，然后，再让他们补上。

对比分析

在一般情况下，双方交代问题的态度是不相同的。旁观者、知情者的说明往往比较客观，值得采信。而当事人的交代往往避重就轻，"丢三落四"，以期减轻或推脱自己的责任，逃避学校的处罚。比如说，明明是朝对方的胸口打了几拳，他会说是"推了他一把"；明明是他事先与同伴商量好了的，他会说同伴是"刚好路过"。尤其是那些经常违纪的学生，他有一定的"反侦察"能力，往往会事先把理由编好，并与同伙"串供"。但百密必有一疏，只要把相互间的材料仔细比对，破绽就会暴露出来。

本步骤中要注意三点。一是防止学生"串供"。让学生书写经过和谈话时，要让学生分隔开，这样才能保证情况的真实性。二是发现的疑点要及时厘清。当事人为了证明自己的谎话往往会说出一些我们意想不到的人或事儿，欲盖弥彰。对此稍加留意，我们往往就能从这些人或事儿中打开突破口。三是找知情者或证人时，要注意保护他们，最好不要让当事人知道，防止事后知情者或证人被打击报复。

第三步：逐级反映

班级→年级→德育处→派出所。

老师向上级反映到什么层面要视事件的轻重程度决定。如果是两个学生之间的冲突，未发生人身伤害，尽量在班上处理；如果涉及人多，甚至是跨班级之间发生的冲突，要通过年级来处理；如果超出年级间发生的冲突，或非年级间但性质比较严重，要及时上报德育处，根据德育处的意见处理；如果学生之间发生比较严重的伤害事件，应及时报派出所或打110，防止事态进一步恶化。

本步骤中要注意两点。一是处理学生矛盾时一定要立足班级或年级，不要动辄上报学校，这样有利于树立班主任和年级长的威信。二是不管是哪个层面的冲突，都要报德育处备案。

第四步：联系家长

联系家长一定要在了解事情经过的基础上进行，切忌在尚未了解事件的前因后果时就匆忙通知家长到学校来。那样只会添乱，影响对问题的处理。

本步骤中要注意两个问题：一是双方家长何时来，二是来的目的是什么。一般情况下，被打的学生多半会主动告诉家长。因为担心孩子，被打学生的家长多半会在第一时间赶到学校，而打人学生的家长则多半会在接到老师的通知后才到学校。所以，一般是先请被打学生的家长到校，并请家长冷静，相信学校会公正处理。打人学生的家长要晚一步再通知到校，也要提醒家长，对被打学生要诚恳表示歉意。请家长来校的目的一是告知事情的经过，二是通报学校的处理意见，三是请家长配合学校的教育。

第五步：后续教育

做错了事情就要接受处罚，处罚也是教育，这是要让犯错的学生和家长都明白的一个道理。处罚的目的是要通过处罚让学生懂得是非对错。要教育学生：有矛盾，要通过老师来解决，不可通过拳头来解决；上学读书是学文明的，不是讲暴力的；要懂得生命的可贵，生命其实是很脆弱的，失手一时，后悔一生，伤害是永远无法挽回的；要珍惜同学之情，相互包容……通过教育，让违纪学生写一份检讨书，反思自己在这次事件中的思想和行为过失，诚心接受纪律处分，并让家长过目后在检讨书上签字。然后，根据学生错误的轻重和认识的深浅上报学校予以相应的处分。处分要在全校通报，这对其他同学既是教育也是警示。

如果涉及医药费用，还要做好双方家长的调解工作。调解好后让双方家长签一个书面协议（一式三份，学校保留一份存档）；若调解不成，应及时上报学校协调处理。

实际上，协商相关费用的赔偿问题往往是处理打架斗殴事件的一个关键点。许多家长到了最后会把焦点放在费用赔偿的多少及其合理性上，甚至为此争执不休，比如，医院检查项目的多少、营养费用的高低等。调解不好，会大大影响对学生的教育。

其实，调解的过程是教育家长、教育学生的一个契机。老师要懂得《中华人民共和国未成年人保护法》和《学生伤害事故处理办法》，运用法律的武器，站在公正、客观的立场上做好双方的工作。对受伤害的学生家长来说，出于对自己孩子的担心让医院做相关检查是合理的要求，但要适度。尽量按照医生的建议进行检查，不应提出过多甚至是额外的检查项目要求。对于营养费，也只能视情而定，不宜过高；如果是轻伤，就不应提此要求。检查项目太滥、医药费用太高，不仅让对方心里不服，埋下新的隐患，同时还会给自己的孩子一个错误的价值导向。要让孩子懂得珍惜同学之情，宽容是化解矛盾的最有效的武器。对责任方的学生家长来说，要主动向对方家长赔礼道歉，尽量满足对方的赔偿要求，不宜讨价还价，要让孩子用钱买教训。如果对方提的条件确实苛刻，可由老师或学校来转达自己的意见。当然，也有不讲道理不接受老师或学校调解的蛮横家长，那么只好言明利害，或是诉诸法律。

最后，还有必不可少的一步，也是我们处理事件要达到的目的——让矛盾双方握手言和。"相逢一笑泯恩仇"，当着家长、老师的面，冲突双方握手，向对方表示歉意，并保证以后不再发生冲突，"咱们还是好朋友"。这样，冲突事件才算是圆满解决。这样做，对打人的学生来说，是一种诚意的体现；而对被打的学生来说，也是一种心理安慰。

（广东省湛江市第二中学　吴晓华　田飞虎）

二、协调、赔偿和后续教育

［案例］任性的小阳

还未接手这个班时，我就对小阳的大名早有耳闻。他父亲老实本分，母亲因嫌他父亲微薄的工资难以维持家用而离婚再嫁。由于家中三代单传，小阳在爷爷的娇惯下任性妄为，在父亲与爷爷间两边欺瞒，常常夜宿网吧，对同学的态度更是骄横恣肆，无视班规校纪。而这次因为走路碰撞，与同学小强发生口角，便对他大打出手，对他的后背和肚子各踢一脚，造成对方身上两处淤青。他自己也鼻子出血，脸被抓伤。我将二人拉到办公室调查时，因小强说肚子疼，马上通知双方家长，并将其送往医院。医生说无大碍，但小强的叔叔坚持要做彩超检查，经透视内脏没有受损。小阳的爸爸垫付了医药费、化验费等共计六百余元。但下午小强的母亲和叔叔再次来校，要求我负全责解决此事，并索要医药费、精神损失费、护理费共计5000元。

我试图通过协商让小强家长放弃索要赔偿金的要求。在学校接待室里，我根据小阳的解释和对目击者的调查，向双方家长讲述了前因后果，指出孩子打架一个巴掌拍不响，二人皆有错。小阳的父亲已全程陪护，垫付医药费，希望小强家长能以宽仁为本，相互体谅，理性地解决问题。但是小强的叔叔态度强硬，说侄子一直肚子疼，万一落下什么病根，终生遗憾，并强调如果学校不能妥善解决，他将报警。

事情陷入僵局后，我意识到小强的叔叔难以沟通，必须通过其他途径寻找突破口。

首先，我请校长联系了两个人。一个是小强所在村的村委主任，调查学生时我听说小强的叔叔和村委主任两家有亲戚关系，往来非常密切。另一个人是与我们警校共建派出所的民警杨警官，我想咨询、了解一下赔偿的法律依据。

其次，让其他老师安抚小强的叔叔，我单独与小强的妈妈推心置腹地谈了一下。从心疼孩子的角度，讲了看到两个孩子受伤时我的心情；从如何相处的角度，谈了两个孩子该怎样在一起共度一年；从大人解决问题的态度会影响孩子成长的角度，劝她理性处理这起打架事件，并向她保证，在此期间小强落下的课，我将协调其他任课教师利用课余时间为他补上。在我的劝说下，小强的妈妈表示，其实也不想给我们添麻烦，一方面是心疼孩子，感觉气不过；另一方面是孩子的小叔强出头，已经把话说出了，她也不好反驳。见她态度有所缓和，我心稍安，随后安排其他老师和她谈小强在学校的表现以及应该如何教育等问题。

再次，我向杨警官讲述了事情经过，他表示愿意同家长沟通，正好借机做一次普法教育。在小强的叔叔面前，杨警官指出有医生的诊断证明，小强最多只是轻微伤，并将相应的法律条款讲解给小强的叔叔听。在法律面前，我观察到小强的叔叔明显底气不足。我意识到要使事情圆满解决，必须给他个台阶下。

最后，我请的村委主任也到了，他拉着小强叔叔走到一边劝说。过了大约十分钟，校长打电话给我，说小强的叔叔和村委主任有事先走了，而小强的母亲也在我和其他老师的劝说下，不再谈论赔偿的事了。事后我和小阳的父亲买了牛奶和水果去看小强，小强也在两天后返校上课了。

在5000元赔偿金的问题上，我跑前跑后，不停地打电话联系，不时故意装着怒气冲冲的样子，批评小阳不懂事、做事莽撞、遇事不冷静，借机教育他要学会忍让，学会与同学相处。他清楚自己的家境，看着父亲低声赔罪，大约心灵上也受到触动，自此行为收敛了许多，对我及其他老师也开始尊敬了。

我常想，教师的智慧不仅体现在课堂上，还体现在突发事件的处理中，体现在迅速而正确地做出判断，及时采取恰当而有效的措施解决问题的能力上。处理这起打架事件时，我以"理"打动小强的母亲，以"法"改变小强的叔叔，以"情"触动小阳的心灵，这也算是处理危机的教育机智吧。

（山东省招远市城北学校　陈少燕）

第四节　理智应对校园暴力

校园暴力事件可以分成"入侵式"和"内乱式"两种，前者是校外人员闯入学校施暴，后者是校内师生互相施暴。"入侵式"的校园暴力又可以细分成两类，一类是与学校完全无关的暴徒闯入学校施暴，另一类是与学校有关的某些人闯入校园施暴，如家长、与校内学生有联系的社会闲杂人员。

作为教师，无论遇到上述哪一种暴力事件，都要做以下八件事：一、制止暴力；二、保护孩子；三、如果有人受伤，要尽快送医院救治；四、取证；五、报警；六、向领导报告；七、通知家长；八、事后教育学生。

上述八件事情的顺序不是固定的，要随机应变。教师如估计自己有能力制止施暴者（施暴者尚未失去理智），可以竭力制止；如果发现自己无力制止，可以请求保安人员或其他教师支援；如果发现情况非常严重，就要报警。报警有时可以先跟领导打个招呼，但如果来不及，也可以先斩后奏。如果有师生受伤，要马上联系送医院，先不要论是非，取得证据就行了。

取证的环节一定要注意。校园暴力事件后面往往要打官司，打官司就需要证据，教师千万不要以为什么事情"我看见就行了"。打官司，即使你满盘子满碗都是理，拿不出充分的证据也要败诉。所以教师遇到这种事情千万不要慌乱，一定要尽可能留下人证物证。现在人人都有手机，拍照是个好办法。

出现暴力事件一定要及时通知有关家长，否则家长可能会大兴问责之师。遇到这类事，家长往往会很激动，容易与教师冲突，造成"次生灾害",所以教师通知家长的时候既要实事求是,又要注意策略。如果估计家长可能会做出冲动的事情,那么通知家长这件事最好由学校领导来做,不要让班主任或当事教师直接面对家长。

应对校园暴力事件,光靠保安人员和教师是不够的,一定要教育学生有防范意识和应变能力。遇到暴力事件,如果是校外人员闯入,一定要赶快跑开,尽量藏起来,同时赶快报告老师或报警。如果有可能,要把施暴人员的服装、外貌特征记住,以便后来作证或破案。多数校园暴力事件是可以预防的,但也有的突发事件很难预防,但是只要师生有心理准备(有些电话号码或联系方式应该让学生背下来),就可以把损失降到最低限度。

(北京教育科学研究院 王晓春)

[校园暴力处理流程图]

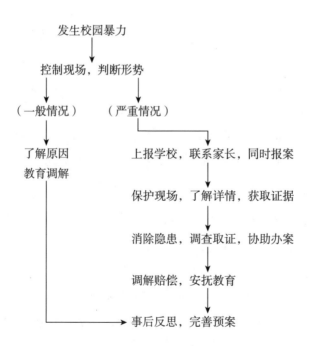

(策划 陈雪娇 班主任之友杂志社)

第四章
班级偷窃

如何解决学生屡偷不止的问题，是让许多班主任头疼不已的事情。他们为什么屡偷不止？你了解他们偷窃行为背后的动机吗？如何矫正他们的偷窃行为？

第一节　他们为什么偷窃

对于偷窃的学生，如果不对其偷窃行为出现的原因做分析，而只是对学生进行批评教育，不仅难以纠正学生的偷窃行为，甚至可能把学生逼入更危险的境地。只有了解了学生的偷窃心理，才能对症下药，寻找合适的对策。

一、满足需求

有的学生家庭条件不是很好，父母对其管教过于严苛，过度控制零用钱数额。这类学生想要的玩具、学习用品等，经常得不到满足，当看到同学拥有漂亮的玩具或高档学习用品时，他就想将同学的东西据为己有，补偿自己得不到这些东西的缺憾。而有的学生，由于父母忙于生计，无暇照顾自己，在心理上感觉不到父母的爱，就会通过偷窃来填补失去父母关心和疼爱的空虚。下面这个案例便是学生因物质、精神均得不到满足而起偷盗之心的典型案例。

［案例］"为什么我没有"

初一刚开学不久，班里就接二连三地出现了几起失窃案，案发时间都集中在午休时间，失窃物品多为钢笔、笔袋等。因为对学生的情况还不熟悉，并且丢东西的学生多数座位靠窗，我没有怀疑是班里的学生偷的。我一边安慰失窃的几名学生，一边告诫全班学生要妥善管理好自己的物品，同时要求坐在窗边的学生中午离校时把书等物品全放在抽屉里，并安排专人外出时关门窗。失窃事件果真停止了一段时间。

可好景不长，这天，学生小飞找到我，说她放在书包里的钱包不见了，里面有一百多块钱，失窃时间就在第一节课课间。因此我确信"小偷"是本班学生，因为外班学生不可能如此胆大。

接下来的一节课是辅导课，我一边就班里出现失窃的事儿对学生进行教育，一边仔细观察每个学生的神色，最后发动每名学生给小偷写封信并选读部分内容，进一步缩小调查范围。在快下课时，我以换一期黑板报为由留了一小部分人，其中就有小琦——我锁定的目标。

看似很自然的谈话，我和这个学生说说黑板报，和那个学生聊聊学习情况。最后，只剩下小琦没交流了，于是在没有外人的小办公室，我先谈了她的学习情况，后来说到缺点等问题，又问她关于我对失窃事件处理的方法和态度，她是怎么看的。看到她又害怕又担心的神情，我开门见山地让她把真相说出来。她见我胸有成竹，料定无法隐瞒，承认了是自己偷的。她利用回教室拿书的空当，偷了小飞的钱包。

再细聊后我了解到，小琦从乡下来城里念书，城里的一切，对她而言是巨大的诱惑，物质生活的需求剧增，但父母却没办法满足她。她看到同龄人在物质生活方面拥有的自己都无法得到，舅舅家富裕的生活条件让她感觉更自卑。而此时，父母只顾着帮忙料理舅舅的工厂，很少顾及她。无论是在情感方面，还是在物质生活方面，都无法让小琦满足。情感上的饥渴与物质上膨胀的欲望，导致小琦产生了不应有的想法，一次偶然的得手又使她一错再错。

（江苏省南京市上元中学　蒋开慧）

二、捣蛋、恶作剧

经过长期跟踪，你终于找出班级失窃案的"罪魁祸首"，到最后却发现，"小偷小摸"不过是学生的恶作剧。说起来，这真让人哭笑不得。有的学生就喜欢捉弄别人，喜欢悄悄拿走别人的东西藏起来，喜欢看别人找不着东西的狼狈样儿。这样的学生确实"偷"了东西，可出发点只是捣蛋而已。如果班主任小题大做，真把他们当小偷，往往会弄巧成拙，甚至把他们逼上偷窃之路。

［案例］小米的"捣蛋"行动

"老师，我的水彩笔找不到了！""孩子的橡皮泥昨天在学校丢了，麻烦您帮着找一下。""老师，我刚才把铅笔盒放在桌子上了，可是做完操回来就没有了。"类似这种声音，一段时间来几乎每天都在我的耳边出现。

"我相信，咱们班的孩子是绝对不会偷东西的，谁不小心拿错了东西，请下课的时候悄悄地放在老师的办公室，好吗？"我尽量心平气和地对全班学生说。

但是，一个星期过去了，一点儿结果都没有。于是，每天学生做操的时候，我都会先回一次办公室，再从窗外看看教室里面，最后才去操场看学生做操。经过两个星期的观察，我发现小米每天都是最后一个走出教室。有一次做值日的时候，我发现小米的桌洞很乱，正好那天他也做值日。"小米，我让女生帮你收拾一下桌洞可以吗？""可以。"他不好意思地笑着答应我。没过五分钟，一个女生尖叫起来，"水彩笔？跳绳？这不是……"

小米此时居然还笑嘻嘻的，我问他为什么要拿别人东西，他要么说"我想看看他们什么时候才会发现东西不见了"，要么就说"我就是想看看他们能不能找到我藏的地方"……

小米偷拿东西的事情，并没有到此为止。他不仅做操的时候拿，课间也会去翻别人的书包，把东西藏在别人的柜子里，或者藏到门后面。对他我感到头疼不已。

我曾不止一次地找到他，告诉他不要随便拿别人的东西，说教过，也批评过，可他"掏"声依旧，乐此不疲！这样做的次数多了，谁有东西不见了，都会猜是他干的。渐渐地大家都知道他的招数了，每次东西丢失，很快都能找到。大家找到了，他就会偷偷地笑。

（北京市朝阳区小武基小学　刘海英）

三、引起关注

每个学生都渴望被关注和被认同，于是，有一些学生，为了引起老师或是某一类人的关注，会故意做一些出格的事情，其中就包括偷窃行为。这种学生拿同学的东西，就是想获得老师和同学的关注，或者是获得一种象征性的满足——你们不能不理我！

[案例] 只求你们记得我

这是一个真实的故事，故事就发生在我的班里。

事情要从班内有学生反映出现失窃事件开始。小伟反映他的 MP5 不见了，小张报告说他的英文字典也找不到了……类似这样的事情以前是从来没有过的，种种迹象表明是"内鬼"作乱。为了查明真相，也为了不引起不必要的混乱，我的调查在不知不觉中进行。

一天下午，小华向我报告。"老师，是简！"小华信誓旦旦地说。我一阵惊愕，不敢相信自己的耳朵。"是他！我们在他的桌洞里发现了很多同学们的物品。"

办公室内，我和简对视着。"老师，"简先说话了，"你了解我吗？"这句话问得我不知如何回答。是呀！我了解他吗？应该说是不了解的，他平时从不多言，今天发生了这样的事儿，他没有半点儿害怕的意思，难道是另有隐情？我抑制住怒火，耐心地听他把话说下去。可是，越听我的心就越凉，心中更是掀起惊涛骇浪。

简是个话不多的孩子，因为他的伤痛是别人所不能理解的。3 岁时他就被查出来患有慢性粒细胞性白血病。16 岁的他，在患病这 14 年间，除了上课，就是看病。他能够忍受病痛给他带来的撕心裂肺的痛苦，却不能够忍受没有同伴的孤独。他从来没有朋友，不能正常上体育课，课间也很少活动，总是默默地待在教室的一角，没有丝毫的存在感。他知道，如果明早能见到太阳的话，说明今天不是生命的最后一天，但是他不希望见到明天的太阳，因为既没有人了解他，也没有人知晓他。他多么希望大家能多关注一下他，然而，这一切都没有发生过。

简在我的印象中是文静得像个女生的小男生。我知道他身体不好，家人一直带他四处求医问药，但是我却没有意识到，简的情况竟如此严重，不止在身体上，也在心理上。听了他的遭遇，我才知道我的工作有多大的失职，此刻我的心都在颤抖……

"老师，你开除我吧!"他说，"所有的同学，包括你，都会记住我的，这就是我'偷'的目的。我拿同学东西的时候都是在有许多同学在教室的时候拿的，可是谁也不在意我。这一次，我的目的达到了。"

（山东省诸城市第一中学　孙健鹏）

四、报复心理

报复心理是行为人的利益受到侵犯或挫伤后，为了达到心理平衡而产生的反击性、对抗性心理倾向。因报复心理而产生的偷窃行为往往具有很强的针对性。比如，某某同学得罪了盗窃者，在报复心理的驱使下，盗窃者产生"你不让我好过，我也不让你好过"的想法，于是就去偷这个同学的东西，一次不成，两次，小东西不行，就偷贵重的。当看到同学焦急、沮丧、失落的表情时，他心理上便得到平衡和满足。有时候，报复的对象也许并不是特定的某一个人，而是一个群体。

[案例] 一切只为了报复

"老师，我放在抽屉里的 50 元钱不见了。"这个学期，当学生第 N 次向我报告失窃的时候，我终于忍无可忍，拍案而起。"走，去教室!"我愤怒地冲向教室。

其实，我心里不是没有确认目标。三十多个学生，三十多张神态各异的脸，我不是没有看到这群叽叽喳喳的孩子中 Y 的眼神。它让我把接下来原本想要说的话生生地咽了回去。

私底下找 Y 谈话，我问他为什么要拿别人的东西。他只是瞪着天花板，一句话不说。后来被逼急了，他恶狠狠地吐出几个字："我恨他们！"

他们是谁？为什么要恨他们？我陷入了沉思。

经过观察、了解，我终于得到了关于 Y 的更多信息。Y 的父母常常吵架，吵架的时候从不顾忌他在场，吵架过后各自在他面前说对方的坏话，以为把他拉到自己这边就是爱他。最近，更是因为闹离婚无暇顾及他了。上小学的时候，Y 的人缘就极差，几乎没有朋友。同学对他的评价都是：脏，鼻涕乱涂；差，常常骂人、打架，成绩一塌糊涂。再问教过他的老师，所有的老师谈起他，几乎都皱着眉头……

我终于知道，Y 为什么会露出那么森严的目光，为什么会做出那么偏激的行为。

Y 恨，恨他的父母，"既然没办法爱我，为什么要把我生出来？"他恨周围的同学，"为什么要说我的坏话，难道我真的那么可恶？"他还恨老师，"为什么从来没有对我多看一眼？"甚至会恨自己，"这样的我，到这个世界上来到底要干什么？"

他的眼神，分明是在宣泄一种报复后的快感：别人的麻烦、别人的愤怒、别人的痛苦，就是他想要的结果。偷窃是他报复父母的手段：想让他们看到他们的儿子，就是这样的可恶，这样的讨人厌！像他们这样的父母，只配生出这样可恶的儿子！

（江苏省苏州市吴江区北厍中学　沈丽琴）

五、缺乏物权观念

低年级的孩子普遍缺乏物权观念，他们的心理特征之一是以为自己的和别人的都是一样的，往往分不清东西的归属，我的是你的，你的也是我的。有些学生只要喜欢某样东西，就会顺手拿过来，根本不经对方许可。当然，有些孩子没有物品归属意识也与早期的家庭教育有关，有些家庭过分以孩子为中心，让孩子养成过分自我的个性，认为只要自己喜欢的，就可以拿走。

［案例］"见好就收"的孩子

君君同学长得水灵、可爱，从见到她的那一刻起我就喜欢上了她。

相处时间长了，我发现了君君有一个毛病——看见自己喜欢的东西，就随手拿来自己用。比如，有一次，一个学生的家长告诉我，学生的铅笔找不到了，我调查后发现君君的铅笔盒里有一支和那个家长说的一模一样的铅笔。还有一次，我偶然听到康复课的老师说玻璃球少了，找了很久没有找到，后来才发现玻璃球在君君手里……经常有家长向我投诉，不是孩子的橡皮找不到了，就是铅笔刀没有了，结果，每次都在君君那里找到了。好在家长对班里的学生比较宽容，班里的学生也都很善良，没有人说君君是小偷，也没见有学生排斥她。可是，我却隐隐有些担忧：君君现在还小，正是养成习惯的好时机，如果放任不管，将来出了学校，积习难改，还会有谁来宽容她？到那时，她就成了大家眼中名副其实的"小偷"了。

君君是家中的独生女，智力上略有些问题，家人因此对她倍加宠爱，她在家想要什么东西，家长都是尽量满足。我想，这样的家庭环境极有可能造成她还没有形成基本的物权意识，以为只要是自己喜欢的，不管是谁的东西都可以随拿随用。

（山东省淄博市博山区特殊教育中心学校　孙秀娟）

六、嗜偷成癖

偷窃癖属于意志控制障碍范畴的精神障碍，其表现是反复出现、无法自制的偷窃行为，虽屡遭惩罚，但难以改正。这种偷窃不是为了谋取经济利益，也不具有其他明确目的（如报复、"窃"富济贫或引人注意等），纯粹是出于无法抗拒的内心冲动，据此可与一般偷窃行为相区别。

［案例］我就是忍不住

校运动会快要结束的时候，附近小学的杨校长来我们中学办事，我跟他打了个招呼，结果他的一番话让我震惊。"刘老师，听说小伟在你班？""嗯，谢谢杨校长关心，这孩子聪明着呢！还有一手剪纸的绝活。"杨校长好像没有听到我对小伟的夸赞，小声对我说："刘老师，你可得多关照这孩子，他啥都好，就是有点小偷小摸的坏毛病，一直没改掉，等长大了再改不掉，那可不好说会发展到哪个地步！"听了杨校长这番意味深长的话，再联想到开学时无果而终的失窃，我似乎明白了什么。

与杨校长聊完，我马上在操场上找小伟。不在？我快步走进教室，极不愿看到的一幕正在上演。当时，我的脑中一片空白，不知道是该上前阻止还是劝慰，思想停滞下来，我没有说一句话。他悄悄离开了教室，回到了操场的座位上。

放学时，他走在我身后，轻轻地说："老师……对不起！我不该……我知道这样不好，但是我忍不住，老师你剁掉我的手吧！我该死，我真丢人！"他哭了，我停下脚步，坐在了路边的石头上。"我发过誓，以后不再偷人家的东西了，但是每次遇到机会依然无法抑制去偷的冲动。"他讲述了自己无法自拔的种种经历，我心酸到无语。

（安徽省砀山县铁路中学　刘桂芝）

学生偷拿东西的动机还有很多，比如，因嫉妒而偷，为缓解压力而偷，为寻求冒险和刺激而偷，等等。一般来说，任何一个行为的背后都有一个心理动因，只有找出原因，因势利导，采取最恰当的方法和策略，才能矫正学生的偷窃行为。

第二节　屡偷不止怎么办

学生心智尚未成熟，他们的可塑性很强，只要方法得当，适当引导，彻底矫正他们的偷窃行为不是没有可能的。但学生的心灵是脆弱的，任何过激的言行都会伤害他们的自尊心，影响他们的心理健康。因此，在矫正他们的偷窃行为时，除了查找原因，对症下药外，还必须因人而异，讲究策略。

一、纠正认知偏差

［案例］因嫉妒而偷的小欣

初三上学期第一次阶段质量调研考试后，班里经常有女生报告说文具离奇失踪，而过了两天，有的文具会在小欣的文具袋或手中发现。小欣总辩解说是因为自己的东西和别人是一样的。没办法，我就让班干部观察她放学后的行为。结果发现，小欣老是先走出教室，然后又绕道回来，大约五分钟后又走出教室回家。这种情况出现后，第二天就有人报告说文具又被偷了。甚至有一次，小欣正在一个女生的文具袋里翻东西时被同学当场撞见。小欣为什么只偷女生的文具呢？她在以前班级的表现怎么样呢？带着这些疑问，我分别约见了小欣以前的班主任陈老师和小欣的家长。

陈老师谈到了一个现象：老师表扬同学，全班热烈鼓掌时，唯独小欣老是朝桌子上一趴，拿着文具玩。

小欣的妈妈是小学老师。她谈到小欣从小在赞美声中长大，"到了初一，脸上长了许多小痘痘，天天对着镜子唉声叹气，没有心思学习，劝也没有用。成绩下滑了，老说自己没有用，总提不起精神。最近，总喜欢带回各种各样的文具，在我和她爸爸的再三追问之下，才说是拿同学的。这不，我们正准备来找老师交流交流呢，您说拿这孩子如何是好呢？"

我找来小欣。看到妈妈来了，小欣激动地说："谁让她们比我优秀，脸上比我光滑啊！还看不起人，老是对我指指点点的，我就是看她们不爽！"说完夺门而出。她妈妈电话里告诉我，小欣晚上在家里哭了很久。

［行动］改变认知是关键

的确，被偷文具的女生都比小欣优秀，且从容貌上看，都比小欣漂亮。但事实上既没有人看不起小欣，也没人对她指指点点。

显然小欣的偷窃行为，属于一种嫉妒心理的外在表现，原因主要是认知出现了偏差。

一是因自身生理和心理因素产生的认知偏差。学生的初中成长阶段正值青春期，青春期又被称为"危机期"或"困难期"，意味着这个时期的学生会遇到许多压力、矛盾和危机，也容易被情绪所左右，从而出现认知上的偏差。偏差可以分为两类，一类是对自我认知的偏差。小欣脸上长了青春痘，就认为自己比别人丑；她的成绩没有一部分女生优秀，就认为她学不好了，没有用了。这显然是属于过分概括化的错误认知，是一种以偏概全的不合理的思维方式。这种片面的自我否定往往会导致自责自罪、自卑自弃的心理，而一旦将这种评价转向他人，就会一味地责备别人，并产生愤怒和敌对情绪，实际上就是妒忌别人，对自我失去了信心。如果把情绪转向别人，那就是出现了第二类的偏差，即对他人认识出现偏差。别人脸蛋比自己漂亮，别人在某个方面比自己优秀，就认为别人是成心与自己比，就瞧不起自己，就指指点点。这种坏情绪只要有合适的契机，就会爆发，会使小欣抑郁、焦虑，犹如定时炸弹。也就是说，小欣妈妈如果不来学校，小欣的爆发迟早也会发生。没爆发时，小欣就用偷走文具的方式来让她们也跟自己一样痛苦，从而实现自己内心的平衡。其实，她偷的不是文具，不是嫉妒，而是自信。

二是受成长环境与成长经历影响产生的认知偏差。小欣小时候可谓多才多艺，钢琴过十级，成绩一直名列前茅，长得漂亮可爱，可以说没有受过任何挫折，周围每天都是赞美声。这是一个在糖罐里长大的孩子，她的意识中形成一种概念：我必须是优秀的，是可爱漂亮的，如果我不这样了，就没人在意我了，就失败了，就要被人瞧不起了，所以自己必须成为人们赞美的人。这是一种不合理的信念，即绝对化的要求，要求一切以自己的意愿为出发点，自己必须优秀，必须受到别人的赞美；如果没有，就难以接受，从而陷入情绪困扰中。其实，人不可能事事都顺心，事事都成功。她的成长经历和生长环境是造成她遇到问题就有挫折感，就沮丧的重要原因。

要改变小欣的偷窃行为，需从改变其认知入手。我主要从以下几个方面做了辅导。

1. 让她宣泄心中的不良情绪

通过预设的问题促使小欣宣泄心中的不良情绪。我与小欣在见她家长的第二天下午进行了第一次谈话。这是一次倾诉性的谈话。

我：老师知道你现在的心情很不好，她们在某个方面都比你优秀，你觉得很难过，是吗？

小欣：是的。

我：在你看来她们比你可爱，你很不是滋味是吗？

小欣：是的。

我：她们受到老师表扬，而你没有，你听了觉得自己很没用，是吗？

小欣：（哽咽地）我觉得自己太差了，什么都没人好，当然难过了。

我：我理解你内心的感受，那就痛快地说说吧！

小欣尽情地向我宣泄内心的感受，而我只是认真地听着，适时地点头，以表明我在分担她的感受，为和她做进一步的交流、取得她的信任打下基础。

2. 改变她的不合理认知

通过引导，小欣认识到引起情绪困扰的并不是外界的人或事儿，而是自己对别人或事的看法、态度、评价等认知内容。我要让小欣明白，要想改变情绪不是致力于改变别人或事儿，而是应该改变自己不合理的认知。

　　我：我们班有没有同学在各方面表现和你差不多，甚至还没有你优秀的？

　　小欣：嗯……有，有许多呢。

　　我：那他们有没有说你瞧不起他们？说自己什么都不行呢？

　　小欣：好像……也没有。

　　我：你说她们瞧不起你，她们有对你说过什么或做过什么吗？

　　小欣：也没有。

　　我：你认为你的看法是否带有自己的主观性呢？

　　（小欣沉默了）

　　我：拿了别人的文具，更难受的是不是还是我们自己？

　　小欣：是啊！

小欣转入对自己较为理性、全面的思考中。她的情绪开始轻松起来，眉头也舒展开了。

3. 重新认同自己

我先是在班里展开了面对挫折的讨论，让学生说说如何面对挫折，播放了许多相关的视频，特别邀请小欣做讨论会的主持人。

接着，我筹备了名为"走出自我阴霾，放飞青春风采"的主题班会，效果非常好。小欣的脸上洋溢着从未有过的光彩。

现在，小欣能够和大家开朗地交谈了，回到家，话也多了，慢慢变得自信了。

（江苏省灌云县实验中学　李洪德）

【知识链接】认知疗法

"认知"是指一个人对某件事或某对象的认识和看法。由于文化、知识水平及周围环境背景的差异，人们对问题往往有不同的理解和认知。

认知疗法是根据认知过程影响情感和行为的理论假设，通过认知和行为技术来改变患者的不良认知的一类心理治疗方法的总称。该疗法的主要着眼点放在患者非功能性的认知问题上，试图通过改变患者对己、对人或对事的看法与态度来改变所呈现的心理问题。

二、矫正行为

［案例］爱拿别人东西的小权

这天中午，仁牒跑来说："老师，小权又偷我东西了。""什么东西？他怎么又偷了？"我又气愤又惊讶。"一盒油画棒，是小琪告诉我的，油画棒在小权的书包里，我已经从他的书包里拿出来了。"仁牒振振有词地说。

人证、物证俱在，小权仍旧如此前那样，就一句话："我没拿过。"无奈之下，我说要不提交校广播站，大家一起评理，他这才承认："是我拿的。"

其实，此前的一个月内，小权被20多个同学告发：拿了他们总共20多支自动铅笔和十几块橡皮。事情调查清楚后，我把情况告诉了他的妈妈。本想与她认真探讨如何帮助他纠正这种不良行为，谁知，他妈妈竟然在气愤他偷东西的同时，告诫被偷的那些孩子，以后别把好的铅笔、橡皮拿到学校来，拿来了也别让他看见，以免引诱他"犯罪"。我听了很寒心。

后来，我再把他妈妈请来，他就很坦然，不害怕了。这回，发展成要靠抬出"广播站"才能压得住这个年仅9岁的学生。虽然刚上二年级，他的"偷龄"却已有三四年了。

［行动］自我管理，逐步矫正

像这样的学生，老师除了要正面告诫他做这种事情很不光彩，不能再继续错下去以外，更重要的是给他量身定做一套行为矫正的方案，逐步矫正他的错误行为。

1. 一周一小结

我每周找小权谈话一次，教会他如何正确地借用他人东西，保管好他人的东西以及归还的方法。告诉他，只有赢得别人对他的信任，大家才愿意下次再借东西给他。每次与老师谈话后让他写下感想，等到他下次又犯同样错误时，拿出来让他自己读一读，再写一写仍旧会犯错的原因。写作内容如下。

（　）月（　）日　星期（　）

①我做错了吗？

②做了什么错事？

③应该做吗？

④我这样做会带给别人什么痛苦与麻烦？

⑤别人会用什么眼光看待我呢？

⑥我真需要这些东西吗？

⑦如果我向妈妈提出这个要求，她会满足我吗？

⑧我怎样做才能得到妈妈的奖励？

⑨我今后该怎样做才能受到大家的欢迎？

通过一周又一周，一次又一次地反复教育、正面示范、告诫、引导之后，小权已经能比较深刻地认识到自己的行为的确很伤害同学，有了知耻之心。

2. 一月一小结

每个月月底，我都会让小权再做一次总结。

①没经过别人允许，随便拿别人的东西，是不是可耻的行为？

②现在还随便拿别人的东西吗？

③再犯这个毛病的时候，妈妈让你把偷来的东西当面还给人家，还是妈妈陪你一起去还？还是只是受到妈妈的批评，根本就没还？

④现在买东西有没有记录在本子上？妈妈每天有没有检查？

⑤路上捡到来历不明的物品，是自己私用还是给交妈妈、老师保管？

⑥当你想买东西的时候，有没有征得父母同意？

⑦父母不同意该怎么办？

⑧如果一个月里偷东西的次数依旧没有减少，先扣分，再到校广播站播放这些可耻的事情，你能受得了这个结果吗？

⑨这个月偷拿别人东西多少次？比上个月减少了还是增加了？

如果这个月与上个月比较，有进步的现象，我就用言语来鼓励他，让学生来夸奖他，这样，他的内心应该会阳光许多。有了自信，有了积极向上的动力，也就会有彻底改正的想法。我之所以不给他物质奖励，就是要淡化他对物质的追求，感受精神满足的快乐。

小权做出这样的行为，家长的溺爱、包办是最根本的根源。我也试着给他的家长一些建议：多看一看科学育儿的书籍，学会真爱；多与班上教育子女方面比较成功的家长交流。

慢慢地，大半学期后没有同学再举报小权拿别人东西了。偶尔他又想拿时，也学会了先经过别人的允许。

（浙江省宁波市鄞州区古林镇中心小学　朱柯吉）

【知识链接】行为塑造法和现实疗法

行为塑造法，属于行为治疗技术，即通过强化（即奖励）而造成某种期望出现的良好行为实现。一般采用逐步晋级的措施，并在达到效果时按情况给予奖励（即强化），以促使增加出现期望获得的良好行为的次数。如行为记录表，即要求患者把自己每小时所取得的进展正确记录下来，并画成图表。这样做本身就是对行为改善的一种强大推动力。根据图表所显示的进展，治疗者还可应用其他强化因子，当效果超过一定的指标时即给予表扬或奖励。此外，还可采用让患者得到喜爱的食物或娱乐等办法，来塑造新的行为，以取代旧的、异常的行为。

现实疗法，属于认知—行为治疗技术。它以问题为中心，以现实合理的途径求得问题的解决；关注现在和将来，把主要精力放在帮助来访者认清什么是他们真正需要的，认清自己为什么需要这些；辅助他们对自己当前的所作所为进行分析评价，看看现有行为是否有益、有效、负责（对满足自己的需要而言）；协助他们选择负责任的行为，制订建设性的行动方案，以便作出改变，达到对自己生活的有效控制。因此，负责任的行为是现实治疗的核心目标。

三、家校合作

［案例］偷老师钱的信

一天中午，我吃过午饭回到办公室，一拉开抽屉，就发现我的钱包被人动过。我赶紧打开钱包，20 元的少了两张，100 元的少了一张，钱包里还剩三张 100 元的。小偷没有把我的钱全拿走，这小偷不简单。我一下子就想到了学生信。难道又是他干的？我马上打电话问数学老师，放学后信有没有留下来？数学老师告诉我："信是最后走的，因为他的作业做得最慢。"

下午信到校后，我发现他手上多了一个玩具赛车。好几个男生围着他，看着他玩。我不动声色地加入了他们的队伍："哇，好漂亮的赛车呀！"信抬起头看见是我，笑容一下子收起，赶紧低下头继续摆弄自己的车。

"借给老师玩玩可以吗？这么漂亮的赛车，多少钱呢？"信一句话也不说，慢慢地把赛车递给了我。其他同学在一旁嚷道："这赛车要 20 元钱呢，学校门口就有人卖。""信的妹妹也有一辆这样的赛车呢！"

我到二年级找到信的妹妹，发现小姑娘手上也有一辆漂亮的赛车。"妈妈给哥哥吃早饭的钱，哥哥用来买车了。"她告诉我。

［行动］借力家长除积习

当天下午，我把信叫到无人的角落，问他这买赛车的钱是从哪里来的。无论怎么软磨硬泡，怎么说服教育，就是无法从他的嘴里套出什么话来。信是惯偷了，有一定的反侦探能力。

"如果你能勇敢地承认，老师保证不批评你，还表扬你。老师向你保证，咱们拉钩。"我郑重其事地伸出手指。

他似乎有所触动，抬起头望着我，眼里透着不安。

我拉起他的手："信，老师说话算话。你的诚实比这 100 多元钱重要得多。来，咱们来拉钩。"

信终于承认了自己作案的整个过程。

傍晚，信的父亲来校了。满身的木屑，满脸的倦容，还有满口的歉意，一看就知道是从工厂直奔学校而来。我让他坐下来，先安慰他别生气，告诉了他事情的来龙去脉，并告诉他信已经承认了，现在，关键是我们如何教育信。

信的父亲讲了信从幼儿园开始就有小偷小摸的行为，"狠狠打也不怕，把警察叫来也不怕。我有时真想把他的手剁下来。唉——"信的父亲边说边叹气。

"应该说，信养成今天这样的恶习，是你们造成的。"我毫不留情地指出原因。"信经常受到你们的责骂，得不到你们的肯定。你们对女儿关注得更多，信在家缺少爱呀。"

信的父亲又深深地叹了口气，陷入了沉思。

"你们报警的做法只会把他越推越远，小时候你们不管，现在叫警察来，警车都开到你们家了，这不是明摆着在大家面前给他贴上'小偷'的标签吗？这么做只会让他破罐子破摔呀！"

"我们只想借警察吓唬他一下，可……"无奈写满信父亲的脸。

"现在问题的关键是，我们要怎么帮助信。他的可塑性很强，还没到无药可救的地步。他很爱妹妹，今天偷了钱还记得给妹妹买个赛车。他还不敢把老师的钱全部拿走，还是有一点儿害怕。有畏惧之心，就有悔改的可能。还有，他能够向老师承认错误，并表示把剩下的钱都还给我，这些都表明信还没病入膏肓。我提几点建议：你以后每个月给他一定的零花钱。孩子大了，总有自己喜欢的东西，欲望老得不到满足时，可能就走上歪路……"

这次的长谈给信的家长指出了教育的漏洞，也给他指明了方向。信遇到的问题与解决的办法逐渐在探讨中明朗起来。在他临走时，我把我们达成的共识写在一张纸上。

①真正地去爱孩子，接纳孩子，对他降低要求，重新认识孩子，发现他身上的优点，每天要表扬他两次以上。

②每个月月初给孩子10元零花钱，如果孩子在十天之内没有出现小偷小摸的行为，再追加10元；如果一个月之内都没有这种恶习，再追加到30元。

③给孩子制定消费表，贴在家里最显眼的地方，告诉他如何正确消费。如果能有节制地控制自己的消费，另有奖励。

第二天，信把100元钱还给了我。我告诉他："你能知错就改让老师很高兴。老师一定会给你买你喜欢的复读机的。不过，从今以后，当你看到自己喜欢的东西时，一定要先用力掐掐自己的手背，告诉自己：那是别人的东西，我不能拿。能做到吗?"

信掐了掐自己的手背，点了点头，笑了。第一次，我在他的脸上看到了笑容。

（福建省闽侯县鸿尾超墩小学　包丽星）

【知识链接】家庭疗法

家庭治疗是以家庭为对象实施的团体心理治疗模式，其目标是协助家庭消除异常、病态情况，以执行健康的家庭功能。家庭治疗的特点是，不着重于家庭成员个人的内在心理构造与状态的分析，而将焦点放在家庭成员的互动与关系上；从家庭系统角度去解释个人的行为与问题；个人的改变有赖于家庭整体的改变。

四、多管齐下

［案例］　为买零食而偷的小林

小林是小学三年级学生。父母在外工作，早出晚归，对小林的关心甚少，也很少主动了解小林心里的想法。小林从小喜欢吃零食，经常趁父母不在时，拿他们放在衣袋或抽屉里的零钱去买自己喜欢吃的零食。父母发现小林拿了自己的钱时，逼着小林跪地板、写检讨书，打他打到求饶为止，就是不问小林为什么拿钱。小学二年级时他从小店、超市拿自己喜欢吃的零食，并一发不可收拾。从拿几角的到拿几块的，从拿一样到拿几样，次数越来越多，欲望越来越强。有次，小林从超市拿了一只鸡腿，尝到了甜头之后，就老想着去偷鸡腿。小林的姐姐劝告无果，就告诉了父母，父母却隐瞒了真相，认为家丑不可外扬，没有及时告诉店主。小林父母一会儿棍棒交加，一会儿故意包庇，使小林并没有真正认识到问题的严重性。现在，偷窃已成为他每天必做的事。有时，宁愿不吃饭也要偷一点儿零食过过瘾。小林已经把"偷窃"当作一件很普通的事了。

［行动］六大措施齐上阵

小林贪吃、好奇心强，越是得不到的东西越想得到它，在物质上处于一种饥渴状态，偷窃能满足他的物质和精神需求。从小林的偷窃行为看，无论是拿家中的钱，还是拿小店的商品，都是为了得到自己想吃的零食，并有非得到不可的倾向。小林偷别人的东西时也害怕被老板发现，害怕承担事情的后果。但当姐姐提醒他时，他并没有意识到事情的不良后果，没有改正的动力和毅力。在经历第一次的紧张偷窃之后得到的愉快体验，促成了他不断犯错，多次成功又使他的胆子越来越大。

他的父母从未告诉过他为什么不能这样做，应该怎样做，只是一味盲目地打他、吓唬他。

为此，我采用了六大措施。

1. 指导家教方式

孩子总有一定的物质需求。根据小林的家庭收入情况，我建议小林的父母适当给他一点儿零用钱，但不宜过多，要适量，以免他因缺钱而去偷窃。

小林犯下小错，如拿家中的钱时，不能不问原因盲目地打，这只会从负面强化他继续偷，而不能帮他改正坏习惯。最好以谈心的方式了解事情的来龙去脉，用委婉的语气告诉他为什么不应该这样做，这样做有什么后果，该怎样做。可以这样说："我知道你从我的钱包中拿走了两块钱，也许你是真的需要而不知道怎样得到。今后，你再想买什么东西时可以告诉我，我们可以商量一下。"

我对小林的母亲说："我很理解你的心情，你觉得发生了这样的事儿面子上过不去。但是你可知道，纸总是包不住火的，事情总有一天要露馅的。

小林的不良行为一旦养成了习惯，要改就比较困难了。"小林的父母赞同我的说法，决定与我合作。我希望他们做到以下几点。

①要与小林多沟通，及时了解他的心理需求。

②详细记录小林每天的表现、行为，特别是异样行为（如玩耍的同伴、饭量、零花钱等）。

③小林犯错误时要冷处理，惩罚只能在表面暂时使他改变，而不能使他心悦诚服，有可能还会强化他的问题行为。

④每周要与辅导老师保持电话联系，每月要面谈交流。

⑤给小林适当数量的零钱并记下金额。

2. 促小林内省和自我暗示

在小林偷别人的东西时，他很怕人知道，这表明他也知道偷窃并不是好事。在他的潜意识里，对偷窃还有一丝的恐惧感，因为偷窃毕竟是不道德的行为，是不被社会舆论接纳的。抓住这一点，我着力通过对话沟通引导他内省。

小林：我拿了超市好多价格比较高的东西。鸡腿大概有十几只，每只3.5元；口香糖六包，每包3元；阿尔卑斯糖大概十几包，每包2.5元。（他显得有些难为情）

我：你把价钱记得这么清楚，一定很喜欢这些东西吧。拿了别人东西，就会被人叫小偷，多难听呀！

（小林看看我，点点头）

我：咱们来做一道数学题怎么样？（请他跟我一起估算所偷东西的金额）这真是一笔不小的数目呀！你怕吗？

小林：怕！

我：偷东西，不仅给他人造成经济上的损失，还会带来不必要的麻烦，你碰到过这样的事儿吗？

小林：碰到过！有一次我拿了同伴的龙虾，同伴还以为是另一个人拿的，结果他俩打架一起掉进了池塘。

我：你看到这样的事儿好受吗？

小林：当然不好受，我到现在还记得呢！一直觉得不好意思，想找个机会向他们道歉，但是……

我：你是怕他们不原谅你？

小林：是的！

我：把自己的快乐建立在别人的痛苦上，是不道德的，更何况你真的快乐吗？你这样做受到良心的谴责，又何苦呢？

小林：老师，那我应该怎样做呢？

我：（听到这句话，我特别兴奋）你可以每天静下心来想一想：今天我做了什么？我给别人带来了什么烦恼和痛苦？我这样做又得到什么好处了呢？

（小林听得很认真）

我：老师相信你会改正这个坏习惯的。

3. 实施作业疗法

交流过后，我给小林布置了一个作业：每天照样经过他曾偷过东西的那几家小店或超市，每天必须记录下父母给的零用钱的数额，写下这些零用钱是如何安排、使用的。同时，让他准备一个透明的瓶子，多余的零钱可以存入这个可以随时拿出零钱的"小银行"。这样做的目的是让小林在面对小商品诱惑时，要克制自己，合理使用零用钱，体会积少成多的乐趣。

4. 使用刺激物暗示法

小林的手上戴着一只精美的手表，因年头较久表带有点受损。我趁机指导小林画一张张小嘴，并在嘴巴里写下"忍"字，贴在旧表带上作为装饰物。这样当小林伸手偷东西时就会看到这一张张嘴巴，提醒自己不能再贪吃，不能再这样做。

5. 实施代换券疗法

人一旦养成了某种习惯，让他在短时间内彻底改变，几乎是不可能的，因为"冰冻三尺，非一日之寒"。成年人尚且如此，更何况是未成年人。小林没有耐心和毅力，我决定使用"代换券"强化他的正面行为，消除他的偷窃心理。他喜欢打篮球，我们制定了如下规则：如果偷东西，就取消他打篮球的机会，每偷一次就取消半天打球的时间，并要在家里静坐半天，同时在床头墙上打个×。这样，偷东西和不能打篮球之间建立了联系，一旦睡觉前看到这个×，他就会厌恶自己的偷窃行为。而他每做到一天不偷东西就能得到一个√，得到 5 个√就奖一只鸡腿。以后把"代换券"数量调整为：7 个√、9 个√……我试着取消了代换券，坚持 15 天后，他从家里拿了 3 元钱。

6. 实施厌恶疗法

在"代换券"失效后，我采用厌恶疗法把小林的不良行为和不愉快的感观刺激联系起来。

我录下一段电视剧片段。公交车上一个小偷被乘客抓住了，人们痛恨他，对他又打又骂，并打了 110，到了派出所小偷受到严厉的处罚。我和他重复观看这个片段看了三天。每天看完后都让小林谈谈，以便加深印象。再过些天，让小林想想假如被抓的小偷就是自己，那又会怎样，周围的人会怎样？他说人们会痛骂、痛打他，还得被拘留，一想起这个就很害怕……通过让小林观看或想象不愉快的情景加深厌恶的感受，他再一次控制不住要去偷窃时，就会想到他将被人们又骂又打，还要被拘留处罚，因此产生厌恶情绪，从而逐步消除他偷窃的想法。

经过家长与我的配合，小林经过六个月的干预后，基本改正了偷窃的不良行为，现在已恢复正常生活，每天也不再惦记着要去偷东西。家长都说小林变懂事了，与家长的沟通越来越多。

（浙江省富阳市富春第三小学　王忠玉）

【知识链接】代币制疗法和厌恶疗法

代币制疗法是通过某种奖励系统，在病人做出预期的良好行为表现时，马上就能获得奖励，即可得到强化，从而使患者所表现的良好行为得以形成和巩固，同时使其不良行为得以消退。代币可以用不同的形式表示，如用记分卡、筹码和证券等象征性的方式。代币应该具有现实生活中"钱币"那样的功能，即可换取多种多样的奖励物品或患者所感兴趣的活动，从而获得价值。

厌恶疗法又叫厌恶性条件法，其内容为将欲戒除的目标行为（或症状）与某种不愉快的或惩罚性的刺激结合起来，通过厌恶性条件作用，而达到戒除或至少是减少目标行为的目的。厌恶刺激可采用疼痛刺激（如橡皮圈弹痛刺激和电刺激）、催吐剂和令人难以忍受的气味或声响刺激等，也可以采取食物剥夺或社会交往剥夺措施等，还可以通过想象作用使人在头脑中出现极端憎厌或无法接受的场面，从而达到厌恶刺激强化的目的。

【经验分享】对偷窃成性学生的辅导

偷窃是学生种种偏差行为中较为常见的一种，也是老师们处理起来较为棘手的问题。处理学生的偷窃事件有两个难点，一是案件本身的侦破，二是案件侦破后对当事人的处理和教育。之所以说是难点，主要是处理过程中既要考虑学生个体的身心发展，也要照顾群体的秩序与氛围；既要寻求问题的解决方法，又不能伤害学生。社会上偷窃行为的处理相对简单，因为选择去偷的大多是好逸恶劳而又希望满足物质欲望的人，所以依法惩处即可。而学生的偷窃行为却大多不是这样，他们吃喝不愁，实施偷窃更多的是因为心理等原因。如爱慕虚荣、占有欲强，当不能拥有其他人所拥有的东西时，便使用"不告而取"的方式取得他想要的东西；当爱的需求没有得到满足，得不到父母、师长的爱时就可能以偷窃的行为来补偿因得不到爱而受到的伤害。再就是为了不正常的情绪发泄而偷窃。目的不是得到金钱或物品，而是一种强迫性行为，从偷窃中获得快感。

因此，对有偷窃行为学生的处理，不能简单地处罚，先要了解学生的偷窃行为是偶发性的还是习惯性的，然后分情况对待。对偶发性偷窃的学生处理着重于在校纪校规以及从法律层面上予以明确，让学生懂得是非；而对偷窃成性学生的处理则重在加强辅导，对学生偷窃的具体动机和背景进行心理干预，协助学生改过。

对偷窃成性的学生进行辅导，其目标最终也是矫正行为。当然，学生的行为不是孤立存在的，其偏差行为与其成长经历、价值取向等息息相关，必然受到其认知模式、行为动机的影响。因此，对他们的辅导可以从以下几个方面着手。

1. 挑战偏差观念，实现认知重建

偷窃历来是为社会所不齿的行为，学生实施偷窃行为，很显然表明其对偷窃的认识存在偏差，或是缺乏基本的是非观念，用以偏概全的方式看待社会；或是习惯以自我为中心，认定一切都要尽如己愿。对于这种情况，辅导老师可以使用"自我指导治疗"的方式，通过挑战偏差观念，改变其自我内在语言来实现认知重建，以新的观念看待自己的问题。具体可以这样操作。

（1）识别认知扭曲

老师与学生耐心交流，了解学生偷窃行为背后的动机，并且从中识别出蕴含的不合理观念。比如，一名学生说实在太想要那件东西，而从小到大只要他想要的就能够得到。老师不难发现其拥有"我想要的东西就必须得到"这一绝对化观念，可以从这一观念入手辅导学生。

（2）挑战偏差观念

老师先向学生说明不合理观念的特点，如绝对化、糟糕至极、过分概括化等，帮助学生理解不合理观念的表现形式，请学生思考这一想法与已知事实是否相符，是否符合逻辑，是否对自己的发展有帮助。同时，建议

学生把自己的想法当作假设，尝试寻找证据来验证想法。

（3）实现认知重建

如果当事人对自己的偏差观念有所了解，老师就需要协助其形成新的观念，并且用于指导现实行为。在这个环节使用自我指导治疗较为有效，一般分为八个阶段。

①任务选择。针对具体的状况，选择具体任务。比如，训练认为"我想要的东西就必须得到"的学生，要求其达到"即使得不到也没什么大不了"的效果。

②认知模拟。老师要模拟任务的解决过程，以老师口述的形式进行，包括六个问题解决的步骤。

第一，定义和理解任务的性质，如怎么做才算是"即使得不到也没什么大不了"。

第二，找出完成任务的可能方法，如转移目光、离开喜欢的物品等。

第三，选择一个策略并用其完成任务，如离开喜欢的物品就表示自己做到了。

第四，对问题解决的全过程进行自我监控，通过外部或内部语言，对自己离开喜欢物品的过程进行监控。

第五，自我评价与自我奖赏，如"我自己离开了喜欢的物品，这很好"。

第六，选择另一个替代的方法，但这种方法是不能成功完成任务的，如"我没有主动离开喜欢的物品，原因是……下次我要争取完成"。

③明显的外部指导。按照上述认知模拟的六个步骤，老师一步一步地教学生完成所要求的任务。如当看到喜欢的物品时，目光转移，思考"这件东西是不是我的"。如果答案是"不是"，提醒自己主动离开。

④外显的自我指导。老师让学生按照上述方法独立完成任务，这时让学生边做边说，如"这件东西是不是我的?""不是!""我没有这件东西会不会有大的麻烦?""不会!""我离开了吗?""是!"要求学生将所有的提问和答案大声讲出来，用于指导自己的行为。

⑤模仿悄声的外部自我指导。老师向学生示范将大声的自我指导换成

悄声的自我指导。

⑥学生练习悄声的外部自我指导。本阶段，学生在真实的情境下训练用上述的方法对自己进行悄声的自我指导。

⑦模仿内隐的自我指导。这一阶段，老师示范内隐的自我指导，要求学生在完成任务时通过思维而非内部语言指导自己的行为。

⑧练习内隐的自我指导。这一阶段，当事人必须自己思考完成任务。老师可以询问一些问题，如"你现在是如何想的"等，来了解学生的自我指导过程。如果训练效果不理想，需要回到前面几步中的某一步重新开始。

2. 践行自我管理，改变不良行为

要矫正学生的偷窃行为，"行为改变技术"是较为常用的方法，我们可以使用消退或消除策略减少不适当行为的发生，同时也可以利用行为塑造、自我酬赏、自我契约及刺激控制等策略协助建立新的行为。

（1）使用消退策略减少偷窃行为的发生

消退指的是去除或中断强化与不适当行为的联结，其主要作用是减少非期待行为的出现。要使用消退策略来减少偷窃行为的发生，首先要分析学生偷窃行为发生时的情景，明确该行为与何种强化发生了联结，然后设计相应的去除或中断强化的具体操作方式。如某学生看到自己喜欢的东西而旁边又没有人从而实施偷窃行为时，占有喜欢的物品是强化其行为的关键，可以尝试采用过度矫正法，即发现偷窃行为后，除要求偷窃者送回窃取物外，还要求其再赔偿一样价值相当的东西，让他深刻地感受到行为的后果，打破原有的联结；也可以采取刺激控制法，减少其单独与喜欢物品接触的机会，中断强化，从而减少偷窃行为的发生。

（2）通过行为塑造促进良好行为的形成

要消除一种不适当的行为，最好的办法就是用一种新的应对方式来替代，"行为塑造"是可使用的技术。先要明确目标，即要选定一种可以替换掉偷窃行为同时也能够满足相应需要的行为。如该生偷窃的动机是发泄不良情绪，那么需要学习的就是一种更好的发泄不良情绪的行为。然后是建

立阶段目标，找出容易导致其偷窃行为产生的情景，进行排序，先从诱惑力小的情景开始，与学生一起商讨处在该情景下克服偷窃行为的方法，如自我提醒、做深呼吸、转身离开等。接着形成契约，规定目标达成之后的强化措施。最后则是监控与调整，明确各阶段提出行为目标的细节，促使学生实践力行。

3. 明确现实责任，增强改变动机

当偷窃行为成为一个学生的习惯行为时，表明该行为对学生来说有其特有的意义或功能，已经与其生活的许多方面形成联结。比如，上述案例中提到的发泄紧张情绪，吸引家人的注意力等。因此，虽然偷窃行为不是人们所期待的，但是实际上满足了学生的某种需要，学生下定决心改变偷窃习惯不是那么容易。所以在实行认知和行为调整时，还需要通过各种方式调动学生内在的正向资源，增强改变的动机。

（1）教导与示范

教导学生明白社会的基本规范，接受责任的观念，让学生知道他们可以尽自己的能力去满足需要，只是必须遵守基本规则，不损害别人的利益。老师可以通过自我示范促使学生更多地面对现实，让他们明白日常生活中也可以采取适当的途径来满足需要。老师还可以提供类似真人案例，使学生对自己目前的情况有更深的了解，让学生明确犯错了只要改正，未来还是可以值得期待的。

（2）外化与鼓励

在处理学生不良行为的过程中注意把行为与人区分开来，将问题外化。比如，将偷窃行为比作一个麻烦，表明老师和学生是合作关系，一起想办法来对付这个麻烦。这样能够避免为学生贴上负面的标签，使其更有可能积极地改变。此外，谈话过程中还可以更多使用支持与鼓励，善于发现学生身上的优点，如勇于改变、记录到位、诚实等；及时发现学生小的进步，并予以反馈，给予学生更多改变的信心。

（3）关系推动

老师在交流过程中更多地展现理解、共情、尊重，避免过多的价值判断，建立起良好的关系。这种关系能够让学生更愿意投入辅导，自然也就更有可能发生改变。关系的推动可以通过关系询问或是角色扮演的方式，使学生了解同伴对该类事件的看法和价值判断，同时体验他人的反应，通过关系连接进一步增强其改变欲望。

总而言之，学生偷窃行为的形成有诸多复杂的原因，尤其是偷窃成性的学生，很难有什么立竿见影的特效药。南宋诗人陆游说"改过先幽隐，收功在细微"，改过确实不是一件容易的事情，但是我们只要本着为了学生发展的目的，依靠科学的方法，调动一切积极因素，尽可能地关注细节，对偷窃学生的辅导还是能够取得成效的。

（浙江省绍兴县实验中学　苏　林）

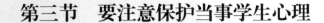

第三节 要注意保护当事学生心理

学生偷东西一旦事发，必然在班里引起轩然大波，尤其当所有证据皆指向某生时，势必引发班级公愤。而此时很多老师却往往忙于破案、赔偿、教育等事，而忽视了当事学生的心理。要知道，学生偷窃固然不好，但事发后所要面对的班级舆论压力是很大的，而且这时候班上也很容易出现其他学生对当事学生的排挤行为。班主任若疏忽大意，后果可能不堪设想。

［案例］偷窃后受排挤的小飞

这周有学生向我报告，班级一寝室发生失窃事件，一名学生放在钱包里的 125 元钱被人拿走了。有同学断言肯定又是该寝室的小飞拿的，一时间学生们议论纷纷，都把小飞视为怀疑对象。同学们怀疑她也有些道理，因为小飞在上学期就曾多次因偷窃被抓，我虽然对她也有过怀疑，但我知道没有确凿证据不好随便"定罪"，只好要求学生此事暂不外传，我会调查。

接到学生报告后的当天中午我来到丢钱的寝室时，寝室里的八个人都呆坐在床上一句话也没有，静候我的到来。寝室已被翻了个底儿朝天，床底下所有的东西都搬了出来，八个人都把自己的床铺重新整理过一遍，谁都不敢去吃饭，生怕一离开寝室那钱会像长了翅膀一样飞到自己的床上，到老师来的时候就有口说不清了。我知道她们心里已有"真相"，只是想等我来了让真相大白于天下。我并没有当场搜查，只是对她们讲了一些道理，估计她们也听不进去，只想着早点把小偷找出来。最后，我给了她们每人一张纸条，要求写上这个星期带过来的生活费和充卡后所剩的金额，以及对此次事件的看法。并声明我看后立即销毁，绝不会有第二个读者。收好纸条后我就回办公室了，并未做任何处理，第二天得知钱已经物归原主了。丢钱的学生跑来告诉我："老师，那人已把钱还给我了，你不要再追究她了。"我当时想，既然钱已经还了，说明该生已有悔改之心，不必再细查此事，给她留点儿面子，事情就到此为止吧。

接下来几天，我一直以为风平浪静，哪知这件事在学生之间早已传得沸沸扬扬。有对小飞谴责和谅解的，也有对她室友的理解和不满的，甚至他们都在考虑方案了，如让小飞换寝室，或派班长跟小飞室友谈谈，或给小飞室友施加压力，等等。小飞甚至找了校心理辅导老师倾诉了整个事件的原委。她说她虽然以前曾经拿过同学的东西，但已经在老师的教育下痛改前非了。当天晚上，室友的钱包掉下来了，是她拾起来的，里面的百元大钞诱惑了她，但她还是放回去了。但是，当钱包第二次掉下来的时候，她认为那是天意，就动了邪念。事后，室友的猜测议论，丢钱同学的可怜和"不再追究"的允诺，使她自责和后悔，就偷偷地还了钱。哪知还了钱她们还在议论。周末，小飞还给室友逐个逐个地打电话，希望她们能原谅她。室友们都说会原谅她的，可这个星期尽管她主动跟她们说话，室友虽然还会应答，但没人主动找她说话。她们七个人同出共进的，只剩她一人孤孤单单的，觉得到处都是鄙视的眼神，在教室里更害怕看见班主任。她觉得自己无处可待，这个星期连学校餐厅都没去，就吃些面包、饼干。

校心理辅导老师打电话询问我是否知晓此事时，我才知道，小飞压力太大，事态很严重。辅导老师经过小飞的允许，把这件事告诉我，希望我能与她的室友沟通一下。

接到辅导老师的电话时距事发已经一周时间了，我只有积极去弥补我的不作为了。晚自习时，我找了小飞的七位室友到操场谈心，问这段时间寝室里怎么样，她们的回答是糟糕极了。再问："如何看待这件事情的？"她们七嘴八舌地说了起来。

"小飞是咎由自取，在拿钱之前就应考虑后果。"

"我们也想原谅她，但总有疙瘩。"

"没有了最起码的信任，以后怎么相处呀。"

"班级里的其他同学好像都认为是我们排挤她，在欺负她。"

…………

听完她们真诚的话，我说："你们说的都在理，老师也都理解，并没有错，是需要时间来化解。现在小飞能把心中的不解和苦恼向同学倾诉，反倒是件好事，化解了心里的结。所以你们也应该理解她。我们假设，万一小飞想不开怎么办？出了事，谁来承担责任？你们愿意吗？"

"不愿意。有这么严重吗？"有同学不解地问道。

"她本来已经很愧疚了，对于你们做的、说的，她都会很敏感。要不，老师帮她调一下寝室？"我说。

"也行。"有人说。

"不行，那样我们寝室压力更大；再说，小飞去别的寝室也会有压力的。"另一名学生反驳道。

"不要换了，老师，我们自己解决，下课后我们找她逛操场去。"一个女生的提议得到大家的一致赞同。

我也赞许地点点头。

晚自习结束后，看着她们拉小飞一起走出教室，我松了一口气。

【反思】

教师要及时关注问题学生的心理，给他一个倾诉的空间。有盗窃行为的学生极易受到群体的排斥和孤立，在某一群体中会形成一边倒的舆论氛围。这极易引发偷窃学生的反社会倾向，做出报复行为，也极有可能促使他们在错误的道路上越走越远。在这件事中，我没有及时找小飞了解事情的原委，没有及时为她搭建一个释放的平台，当时我还自以为是地认为，这样做是给她自尊，权当我不知情，不追究。没想到，小飞却认为我早就知道此事，因为看不起她所以就没理她。幸好小飞能找到其他方式倾诉自己的苦闷，及时给自己解压，并因为得到他人的理解和支持，没有采取其他过激行动。

要理解有正义感和同情心的公众心理，把握教育契机，正确引导，营造积极、健康的舆论氛围。在这个事件中，有两个人群值得关注，一是小飞的七位室友，另一个是班级里的其他同学。七位室友反映出来的是非观念和道德判断应给予肯定和支持，不能因为弱势和强势之分而抹杀了这种最基本的道德观念的界限。只有得到肯定，强者才会因为同情而给予弱者宽容和帮助。其他同学反映出来的同情心和对知错就改同学的宽容和支持，也应予以表扬、肯定，这也是营造班级积极、健康的舆论氛围的好契机，也能帮助学生学会全面地看待事情。

（浙江省瑞安市职业中专教育集团学校　薛　剑）

【延伸阅读】　A. S. 尼尔论学生的偷窃行为

1. 正常孩子的偷窃

孩子的偷窃行为有两种：正常孩子的偷窃和病态孩子的偷窃，两者不可混为一谈。

一个自然发展的正常孩子会偷窃。他只不过是要满足自己拥有东西的需要，或者和他朋友一起做，因为他喜欢冒险。他还分不清楚你的和我的，许多夏山的孩子直到某个年龄才会停止这种偷窃，但我们让他们自由地度过这段时期。

我和一些外校老师谈到他们的果园，他们告诉我，学生几乎把他们所有的水果都偷摘了。我们夏山有个大果园，但是孩子们很少偷里面的水果。不久以前，两个男孩在学校大会被控告偷摘水果，他们是新生。

学校偷窃多半是团体行为，团体行为说明冒险在偷窃中占很重要的一部分，那不仅是冒险，而且是炫耀企业精神和领袖才能的表现。

2. 第二种偷窃

第二种偷窃是习惯性而不能控制的偷窃。这是孩子病态的证明。一个病态孩子的偷窃多半是因为没有家。他的动机是不自觉的，每一个经证实的少年偷窃犯都觉得没有人爱他，他的偷窃行为是想得到一个贵重东西的象征。不管他偷的是钱、珠宝还是其他东西，他的潜在愿望都是偷到"爱"。只有把爱给他，才能将这种偷窃癖治好。因此我送钱给偷我烟草的小孩，是在针对他潜意识的感觉而不是他有意识的想法下药。他会认为我是个傻瓜，但是他怎么想没什么关系，他的感觉才是重要的。他觉得我是他的朋友，认可他，同时是不恨他而给他爱的人。他的偷窃行为迟早会停止，因为他已得到那些钱或其他东西象征的爱，不需要偷窃了。

针对这一类偷窃行为，我又想到一个专门骑别人自行车的孩子。他在学校大会上被控告"经常用别的孩子的自行车，因而破坏了私人财产法"。判决是"有罪"，处罚是"学校替他买辆自行车"。学校真的这样做了。

但是我一定要申明，给小偷嘉奖不是没有分寸的。假如他心智低下，或者更糟，在情感上受到压抑，这种嘉奖不会有什么大的效果。假如他很骄傲，他也不会从象征性的礼物中获益。处理儿童问题的经验告诉我，每个"小"小偷对我的嘉奖的反应都很不错，唯一失灵的时候是少数所谓的"有意识"的小偷，已经不能用精神治疗的方法或象征性的报酬来医治他们了。

3. 把虚假的良心打破

从 5 岁到 15 岁的这段时期，大多数孩子受到的教育，都偏重智育，完全不涉及他们的情感生活。而病态孩子因为情感上的不安定，才会有偷窃的冲动，他是否理解成人世界的"不许偷窃"，和他的偷窃行为毫无关系。真相是，没有一个快乐的人，会不由自主并持续不断地偷东西。对一个惯性小偷要问的问题是：他背景如何？他家庭快乐吗？他父母经常告诉他真话吗？他对宗教感到罪恶吗？他为什么对父母不尊敬？他觉得他们不爱他吗？一定有什么类似地狱的东西藏在他的心中，才使他变成一个贼。我们的某些法官要把他们送进监狱，但肯定无法消除他们内心的监狱。

有一次我看到一个大孩子，但他的心理年龄不过三四岁。他从店里偷东西，我于是想到和他一起到店里，我当着他的面也偷东西（当然先和店主说好了）。对那个孩子来说，我是父亲，也是神。我相信他父亲对他的不认可和他的偷窃很有关系。我的主意是假如他看见他的新的神一样的"父亲"也偷窃，他就不得不把偷窃的行为改过来。

我常常发现把虚假的良心打破以后，小孩就会变得更快乐与更好。

（摘编自南海出版公司出版的《夏山学校》）

[偷窃事件应对流程图]

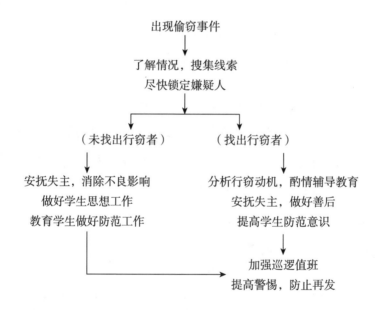

（策划　陈雪娇　班主任之友杂志社）

第五章
自伤自杀

　　骇人听闻的学生自伤自杀事件仿佛只出现在电视、报刊中，但实际上，这些悲剧离我们并不远。

　　如果看到学生手腕上狰狞的伤口，你该怎么说？如果看到孩子情绪激动地站在楼顶上，你该怎么办？

第一节 触目惊心的自伤自杀

一、三个女孩的悲剧

作为一名农村基层教育工作者，我教过不少留守儿童。他们由于缺乏关爱，大都内向、胆怯、自卑，成绩不尽如人意。最近发生在我身边的三个女孩的悲剧，教训惨痛。

（一）赌气自杀的安安

八年级女孩安安性格非常内向，平时上学放学都是独来独往。如果老师批评她，她就用眼睛死死地盯着老师，始终一声不吭，成绩一般。因为个子高，穿的衣服总是显得有点小，甚至头发也不经常洗。老师做家访后才知道她还有一个弟弟和妹妹，都被父母带走去了深圳。家里只有她和奶奶。奶奶八十多岁了还在街上摆个水果摊维持生计。

事情的发生一点征兆都没有，周一上课老师检查作业的时候，发现她作业本没有带，就让她回家拿。回到家中，安安的奶奶唠叨了她几句，大概是说这么大的人了，怎么一点儿都不知道操心，父母还对你抱那么大希望呢，看来是没戏。说完后把钥匙扔下就又回到街上忙着做她的生意。安安走进厢房内，搬了一个凳子，取下挂在墙上的农药瓶子，一口气喝了几口。然后把脸洗干净，还抹了一点面霜。又回到教室，没有说一句话，趴在桌子上像睡着了一样。奶奶不放心她，回到家一看门没有锁，地下农药瓶倒了，赶紧跑着喊着来到学校。一片混乱中，老师们抱着她往医院飞奔。那时候，安安神智还很清醒，她让老师不要担心，她就喝了几口没事的。到医院切开气管之前，她还告诉奶奶，别告诉爸爸妈妈，他们会生气的。

洗胃、血液透析，抢救几天后，最终没能留住她鲜活的生命，弥留之际她一会儿说看见好大一块云，一架大飞机在云上飞；一会儿说爸爸妈妈给她买了好多新衣服，可是都太大了。她清醒时刻留下的最后一句话是："爸爸妈妈为什么不来看我呢？再不来我就睡着了。"

眼泪和自责挽回不了一切，安安的父母在她自杀三天后赶回家，一方面指责学校，一方面呵斥奶奶，甚至埋怨安安不争气。

（二）两个同班女生的选择

七年级的女生小心和小晴是同班同学。在这所学校里，她们的名声不太好，老师和同学们都对她们敬而远之。小心的父母离异了，她父亲去了南方打工，她借住在外婆家；小晴的母亲智力有些问题，带着她改嫁了，继父已经六七十岁了。

在农村，离婚后的女子回到娘家，会受到家庭和邻居们的嘲笑，小心的外婆家里住着好几个孩子，她和她母亲的处境可想而知。小心的父亲每月给的抚养费只有 500 元，且不及时，她母亲靠编制和加工一些小件电子产品生活。在这样的家境下，小心沾染了一个很坏的毛病——偷东西。

曾经有几名同学举报小心偷饭卡、现金甚至是衣服，为维护她的名誉，老师一直没有声张。老师也见过她的母亲，40 多岁的人头发都已花白，她母亲说："这孩子太倔，我也发现这个问题了，打过她很多次，但始终改不了。要是再不改，老师你就开除她，这个孩子不逼到一定地步不行，非得让她害怕才行……我不敢告诉她几个舅舅，他们打起人来不要命，小心就害怕他们……"老师只好保持沉默。

没人知道小晴的父亲是谁，她母亲带着她回到了家乡生活了三四年，在小晴六岁时改嫁。继父再婚的原因居然是因为小晴，因继父兄弟四人都未成家，要靠小晴将来为他们养老，因此对小晴也比较娇纵。因为母亲智力有问题，继父背着她在外面养情人，经常打骂她。

小晴曾领着母亲把继父和那个女人堵在屋里，让母亲守在门口，她从窗户跳了进去。争吵中小晴把屋里的镜子打破，继父伸手要打她，她捡起一块玻璃扎向继父背部，看着她满手的血，继父和情人被吓得愣在原地。小晴让他们写下保证书，永远不准联系。但是，13岁的她也改变不了什么，继父依然我行我素，母亲依然疯疯癫癫哭闹。

大概是相同的命运把小心和小晴联系在了一起，上网、早恋、打架，所有问题学生的错误行为她们都做了。小心认识了一个男孩，她曾经一个月不吃早饭为他省下买生日礼物的钱。但她很快发现他很花心，像自己这样的"妹妹"非常多。初冬一个清冷的晚上，小心正式宣布失恋了，她说："我觉得活着没有意思，我想死，你愿意陪我吗？"小晴说："好啊，我陪你。"

为了这一天，小心精心谋划。她打听过在所有的农药中，痛苦最小、效果最好的是一种当地用来毒鱼的药，没有任何气味，能直接破坏呼吸系统，无法抢救。小心把这种药买来，压在宿舍的褥子下整整两周。

那天晚上，她俩在校外喝了很多白酒，然后回来上自习，在班里高声喧哗，老师过来阻止，她们说要去厕所，在那里把藏在身上的药喝下，身体靠在厕所门口的墙上。上厕所的同学发现了异样，开始以为她们喝醉了，后来发现不对劲儿。几个男生马上背着她们赶往医院。

小心和小晴这两个没怎么享受过幸福的女孩，生命永远地定格在了13岁那个干燥而寒冷的夜晚。参与抢救的医生和老师都落了泪，两人那么小，那么漂亮，命运多舛。

小心的父亲从南方回来后号啕大哭，母亲几近精神失常；小晴的母亲每天放学后都站在学校门口，一天不吃任何东西，女儿没了，家又在哪里？

三个女孩离开了在她们看来这个不值得留恋的世界，在当地教育界引发了很大的震动，家长围堵、媒体采访、心理辅导都进入了校园，但逝者已去，涉事的两所农村中学也已经恢复了正常的教学秩序，一切都恢复了平静。

然而，我的内心深处却一直翻江倒海，尤其是夜深人静时，一想到这三个正处花季的孩子早早凋零，未曾享受过幸福，我便不能安然入睡。假如这些孩子能够撑到第二天，等到新一天的太阳升起，那么她们所谓的那些过不去的阴霾，也许就会烟消云散；假如这些孩子在身处黑暗的时候，我们的老师和家长能够稍微关注一下她们的内心世界，那么也可以让她们感受到希望。

我做了个随机调查，我班里共 47 名学生，父母离婚的有 9 个，父母在远方且撇下兄妹的有 27 个。他们活得很累、很累。这些留守儿童，心理有不良倾向的，要比那些父母在身边的孩子多得多，对他们心理的及时干预，要比给他们每学期五六百元的贫困生寄宿补助重要得多。心灵的温暖比钱重要得多。

（河南省社旗县赊店镇第七小学　张运涛）

二、　永远的痛

每当看到教室里那个空空的座位时，我的心就隐隐作痛，甚至感觉自己当了这么多年的班主任，从来没有这么失败过，这么迷惑过，这么痛苦过，这么无力过。那个聪明、好学、认真、向上、自律的少年竟然毫无迹象，不明原因地自寻短见，给他的父母、老师和同学留下了无尽的悲痛和悬念⋯⋯

难忘那个黑色的周日下午，师生们按照惯例重返校园，校长把我叫到他的办公室一脸凝重地问："你们班有个叫小业的学生吗？听说今天下午在家里上吊寻短见了，你到班里问问情况，是不是有老师批评他了？有没有和其他同学闹矛盾？"当时，我不相信这消息是真的，小业，坐在讲桌下的第一排中间，一双水灵灵的大眼睛总是闪着智慧的光芒。这么优秀的孩子，怎么会自寻短见呢？校长一定是搞错了！

我带着疑问来到教室，却看见小业的座位空着，心中有一种不祥的感觉。我把三个学生喊出教室，两个男生一脸恐惧地对我说这件事是真的，我顿时懵了，心中堵得难受。女生双眼通红地对我说："老师，这是真的。小业的爸爸午饭后到我家串门，四点时回家要送他上学，却发现他已在楼梯间上吊寻了短见。"此时，我的泪再也忍不住涌了出来！小业，你有什么想不开的事呢？怎么会选择这条不归路呢？

回顾自己对小业的教育，我从来没有批评过他，相反，我常在全班同学面前表扬他。因为这个孩子太自觉，太努力了！从入班时的第19名考到现在班里的第5名，除了他的字写得有些差外，在他身上几乎没有其他的缺点。

我调查了班上所有的学生，大家都说他没有和任何人闹矛盾，因为他是那么安静、随和、好学的一个男生。我又询问了所有的任课老师，大家都一脸惊愕，不相信这是事实，尤其是英语和数学老师，听到这个噩耗时，忍不住哭了。她们平时一提到小业都是赞不绝口，也常常在班里表扬他，从未批评过他。

当我心情沉重地拿起手机，拨通了小业父亲的手机号码，询问情况，问他是否在家中批评小业了，他父亲哑声说："谁也没有批评过他，从小到大就没有批评过他，他要什么，我们就给他买什么。午饭后小业还和他奶奶一起到地里去拉了一趟棉花秆呢，还十分高兴，还说到四点就去学校上学。我午饭后就去串了个门儿，小业和他姑家的儿子在家里，他表弟在客厅里看电视，没想到他竟会在楼梯间里寻了短见。他母亲还在外地打工，我都不知道该怎么向她交代……"

小业，你有什么想不开的事，不能和家长、老师、同学说说呢？怎么会走这条不归路呢？有什么东西比生命更珍贵呢？小业，要知道你的生命不仅仅属于你自己，还属于你的父母、亲人，还属于这个社会。你是父母的全部希望，你这样不负责任地一走了之，让疼爱你的父母怎么办？很长一段时间里，那双明亮的、渴求知识的眼睛一直在我眼前浮现……小业，你到底是为什么这么做呢？

（河南省西华县址坊镇中学　赵彩凤）

第二节 自伤自杀成为某些学生解决问题的手段

在现实生活中，大部分学生的自伤自杀行为，虽然可能伴有郁闷、消沉、愤懑等不良情绪，但没有上升到心理疾病的程度。对于那些不是由心理疾病引起自伤自杀的学生来说，自伤自杀是一种解决问题的手段而不是目的。

一、那些我们应该知道的自伤自杀信息

（一）自伤自杀者的三种典型心理

①解脱心理。当事人认为自伤可以缓解压力，自杀可以摆脱一切烦恼。有自伤经历的小明坦然承认："每当自己难受到受不了的时候，就会选择用刀片划手臂，血涌出的那刻，各种压力和不爽都随着血液的流出被释放了。"

②要挟心理。当事人想用自伤自杀来发泄不满，补偿失去的自尊心或吓唬别人，从而得到别人的重视和注意。高二学生小马找父亲要钱上网被拒绝，两人吵了起来，父亲打了他一巴掌。小马威胁父亲，如果不给钱，就死给他看，然后把自己反锁在卧室里，试图服药自杀。幸好发现及时，抢救了过来，父亲因此懊悔不已。

③抗议心理。当事人想以此来对自己不喜欢的事物抗争。林先生是一家餐厅的老板，他最头疼的就是 9 岁的儿子一直都很抵触做家庭作业。没想到，有一次逼急了，儿子跑到厨房，拿着锋利的水果刀对着肚子说："你再

叫我做作业，我就自杀！"林先生被吓得不轻，再也不敢逼他儿子了。

（二）自杀的分布特点

①年龄分布。国内有研究表明，年龄越大自杀成功率越高，18～20岁是青少年自杀的高峰年龄段。

在自杀的青少年人群中，60%多的自杀者在20～24岁，30%的自杀者年龄为16～19岁，仅有8%的自杀者年龄小于15岁。

②性别分布。社会学奠基者之一的杜尔凯姆曾作出诊断——自杀死亡者"男性比女性多"、"自杀主要是男性现象"被认为是自杀学的铁则。

虽然男孩自杀死亡率是女孩的3到5倍，但女孩的自杀倾向却大大高于男孩。

③时间分布。西方国家自杀一般高发于春季。据日本统计，中学生自杀月份以春、秋季最多，与新学期开学有关。

国内多数资料表明，春、夏季为自杀高发季节，其中夏季更多，而冬季（春节前后）则为低发季节，就初、高中学生而言，中考、高考揭榜时自杀相对较多。

一天之中，晚上22时左右为自杀的高峰时间。

④手段分布。就自杀手段而言，中国自杀者使用最多的方式为服毒和自缢，占总数的80%～90%。中国女性以服毒（以镇静安眠药及抗精神病类药）为主要自杀手段，其他自杀手段依次为投水、自缢、高坠等。

二、那些我们可以做到的事

（一）抛开对自杀的错误认识

1. 突破经验的迷雾——对学生自杀认识误区的辨析

据不完全统计，2013年上半年，全国各地媒体报道的学生自杀事件有好几十起，没有被报道的还有很多。在我国，中小学生自杀事件逐年增加。由于儿童和青少年的多数时间都是在学校里度过的，在学校里接触最多的无疑就是班主任，因此，班主任理应在预防学生自杀这件事上发挥更大的作用。现实却是，虽然班主任们很清楚学生自杀事件会给自己带来巨大的压力，从理智上对此也给予足够的重视，但落实到实际工作中时还是习惯于把它看成别人的故事，觉得这样的事情离自己的学生很遥远，对学生自杀这件事存在许多认识上的误区。

（1）一般人不会有自杀念头

没有发生在自己身边的事情，总是很容易被人们忽视。在许多班主任的认知里，自杀是很罕见的，因为自杀是发生概率较小的事件，大多时候大家都没有这样的亲身经历，老师们很难想象看上去活泼、可爱的学生居然会有自杀的想法。正是基于这样的认识，班主任们缺乏足够的警惕性，也就忽视了对学生进行适时关注和引导，实际上一般人也会有自杀念头。

"12355"南京青少年综合服务台曾对南京900名中小学生进行了生命意识教育现状的调查。在面临逆境时，中小学生会怎么做？调查结果显示，有4%的中小学生经常存有自杀的念头，偶尔有自杀念头和从来没有自杀念头的中小学生分别占35%和61%。61%从来没有自杀念头的受访者的抗挫能力是值得肯定的，但是那些多达39%的曾经有过自杀念头的学生更加值得关注。

（2）自杀是突发的，无规律可循

这个想法的出现与很多实际案例有关。如某初一女生因被嘲笑发型难看就服毒自杀这样的案例，之前没有任何预兆，很突然地就发生了，让所有的人都措手不及。类似这样的例子很多，因此，班主任们就形成了一个观念，学生的自杀是一个不可预期的突发事件。

这样来看，我们的老师面对自杀事件也就无能为力了，预防自杀也就没有可能了。当然，这个看法是错误的，从心理学的观点来看，自杀其实分两种：一种是激情自杀，一种是预谋自杀。一般来讲，自杀案例里前者占20%，而后者占到80%。所谓的激情自杀，也叫冲动型自杀，它通常都不是深思熟虑的结果，而是一个人突然有了死的想法，身边恰好具备实施的条件，于是还来不及深入思考就完成了。这种自杀确实是突发的，没有太多预兆，很难加以干预。

但大多数自杀不属于激情自杀，当事人往往纠结了很久，是经过反复的思想斗争后才实施的。一般要经历三个阶段：自杀意念形成，内心生死矛盾冲突，自杀行为选择。人们通常认为，认真思考过自杀的大多数人，都会表现出一些预警信号，因为儿童和青少年不会独立从事某件事情。预警信号可能表现为两个方面的内容。一是言语上的征兆。如直接表述"我希望我已死去"、"我再也不想活了"，或是间接地向人表示出"我所有的问题马上就要结束了"、"没有我，别人会生活得更好"等。此外，还有当事人会谈论与自杀有关的事或拿自杀开玩笑，谈论自杀的计划，包括自杀的方法、时间和地点等。二是行为上的征兆。如出现突然的、明显的行为改变，对先前很喜欢的活动突然失去兴趣，情绪长时间低落，睡眠或食欲发生大的改变，向人赠送自己珍惜的东西，有条理地安排告别等。如果我们老师能够保持警惕，及时捕捉到这些信号并加以有针对性的关注，这些自杀就有可能避免。

（3）谈论自杀的人不会自杀

很多时候我们会听到这样一种观点：如果一个学生谈到"活着没意思，我要死给你们看"，其实这个学生不会真的去死，只是想得到别人的注意，试图以此来威胁别人而已。因为在大家的观念里，真正想要自杀的学生是不会说的。所以，有的班主任就会很硬气，当学生这么说的时候，他觉得不能被学生威胁，马上会接一句，"那你就去死好了"。

事实上，这样做的风险很大。其一，谈论自杀有可能是想要自杀者表达求助愿望的一种方式。有调查表明，有八九成自杀者在自杀前会向身边的人表达出想自杀的念头与求助信息，他们并非一心一意求死，而是内心充满矛盾。虽然他们感到绝望、痛苦，想要结束生命，但他们同时也希望有人可以及时地提供帮助，以协助他们顺利地渡过眼前的难关。其二，冲动型自杀行为在青少年身上相对常见，意气用事是青少年的重要特点。很多案例表明，青少年因为跟爸妈吵架或与男女朋友发生冲突，一时缺乏理智，会蹦出"我死给你看"这类的话，而且一气之下最后真的去做。

台湾的徐西森教授曾这样表述，"永远不要去揣测自杀者背后的原因，或视为一种人际关系手段，要当之为对方真正想自杀，这样才不会轻忽或激怒、嘲笑他。不论他说的是真是假，他正在发出求救讯号，我们要关心所有有自杀意图的人"。因此，针对学生释放出的与自杀相关的信号，我们不能想当然地加以忽视，更不能粗暴地予以拒绝，而需要保持足够的敏感度，尽量地提供关心和协助。

（4）青少年自杀多为学习问题

一提到青少年自杀问题，大家往往首先会认为是学业压力造成的。近年来学业压力一直是社会关注的焦点，因此，当媒体报道学生自杀事件的时候，也习惯于往这个方向引申。网上常见的就是"学生不堪作业压力自杀"、"男生跳楼或因考试作弊被发现"这样的新闻标题。这就给老师们造成一个错觉，学生自杀往往是学业压力造成的。

这样的认识一方面让老师们在教书的时候感觉无所适从，另一方面也造成注意力狭窄，误认为学生在学业压力上没有大问题的话，也就不会自杀。而事实上，中学生自杀者中不乏品学兼优的学生。这说明自杀与成绩好坏没有直接联系，而与心理健康因素密切相关。

《2011年上海中小学生安全情况专报》显示，2011年全年自杀死亡学生13人，比2010年增加5人。其中初中学生10人，高中学生3人。自杀原因：一是家庭矛盾引发4起，死亡学生5人；二是家庭教育不当引发自杀4人，如2名学生分别因深夜玩电子游戏和看电子书被父母训斥后，情绪激动走了极端；三是因情感问题、患抑郁症等引发坠楼自杀4人。这里面没有一个学生是因为学业压力自杀的。对于易受伤害的青少年来讲，能够诱发自杀行为的压力事件有很多，不仅是学习问题，与恋人分手、与家庭成员发生矛盾、家庭中存在问题、被欺负或是被欺骗、失望和被拒绝、意外怀孕等，都可能导致情绪出现大幅波动进而引发自杀行为。

另外，还有一个重要因素是精神障碍。据有关资料统计，因精神障碍而自杀的青少年占自杀人数的13.2%，其中抑郁症是导致青少年自杀最重要的精神障碍。主要表现为情绪低落、工作学习效率低、认为自己毫无价值、时常流露出轻生念头等。

（5）对有自杀倾向的人不要谈论自杀

当学生已经有一些迹象表明其有自杀倾向时，应该怎么对待他呢？流传最广的说法就是转移其注意力，尽量避免在他的面前提到自杀的话题。这个说法初看起来似乎很有道理，但这个说法依然是不正确的。谈论这个问题，我们首先要试着去理解人为什么要自杀。一般来说，人们选择自杀是为了逃避，自杀行为是一个人向他人传递精神痛苦和求助的举动。自杀者往往会觉得自己尝试了所有解决问题的方法都失败了，再也想不出其他的解决方法。而问题得不到解决，情感上难以忍受的痛苦就会永无止境地延续下去，无法逃避。在自杀者看来，自杀是唯一合理解决自身问题的方法。自杀者一旦有了这样的倾向，其他人简单地转移注意力，不提自杀的话题，对他们来讲没有太大帮助。

对想自杀的人而言，要降低他真的去自杀的风险，最重要的是，去倾听他的苦衷，使其情绪得到充分宣泄和疏导，并与其讨论他对自杀的看法，适时给予关心，鼓励他尝试接受或选择适当的协助。要深入地讨论他的痛苦，显示出问题是可以解决的，无法忍受的感受是可以改变的，消极的感受是可以结束的，除了自杀之外事情还有其他处理方式。

老师要突破经验的迷雾，拥有一双慧眼和一颗敏锐的心，这样才能接近学生躁动而又脆弱的灵魂。

（浙江省绍兴县实验中学　苏　林）

2. 坦率跟学生谈死

许多学生对死感觉很神秘，又很感兴趣，实际上对死的理解还是很模糊的。他们甚至会把死只看成一种选择，对死的悲剧含义几乎不考虑。有的学生认为，死可以解决所有问题。责任感不强或者还没有什么责任意识的青少年在承担责任的时候，往往比较容易想到死，同时也会感到恐惧、惊慌失措。正处于青春萌动期的学生，常常对家长或教师产生抵触情绪，把"死"当作一种要挟武器，以为自杀是给别人制造悲剧。更为令人担忧的是，这样的"死亡观"在某种程度上在青少年中间具有传染性，以我们不易察觉的方式在蔓延。

之所以出现如此令人焦虑的现象，就是因为家庭和学校一直忽视对青少年生命价值的教育，缺少有实质内容的生命意识教育，把"死"看得要么无比高尚，要么极其卑贱。虽然不能说大家不尊重生命、不珍爱生命，但对死的认识确实模糊，"生命"在很多人心中的地位并不高。尤其是有些人，总是表现得自哀自怜，经常以"不值钱的小命"自嘲。这留给学生们的印象成了有些"生命"没有什么前途和价值，丢弃一条生命也就没什么大不了的。显然，我们需要建立新的生命价值观，要让每条"小命"都活得更有尊严。

因此，家长和老师们都应该坦率地和孩子谈生死，再不要居高临下、干巴巴地高谈阔论生的希望与幸福。死不会因为我们害怕而远离，对孩子讲讲身边的"死"，感悟死的痛苦——死者在弥留之际对"生"的渴望是何等强烈，有多少未了心愿又有多少美好梦想都被死所摧毁，不是失望，不是遗憾，也不是绝望，而是苦苦的、不甘的、心痛的挣扎。与此同时，留给生者的更是无尽的悲伤与哀痛。

让我们告诉学生吧，死是多么可怕，就像魔鬼逼近，我们必须拒绝。

（河南省唐河县昝岗乡枣林屯学校　白　舟）

3. 学生自杀，老师错在哪里

"我死以后，一定找我们的体育老师报仇。"广东一名小学生服毒自杀并要找老师报仇的帖子在天涯等大型网络社区流传并引发热议。

2010年5月14日晚7时许，陕西澄城县安里乡村民杨先生一直没有看到在县城关三小六年级上学的儿子杨某回家。夫妻俩发动亲戚四处寻找，但直到5月19日傍晚，杨家人才在澄城县生活污水排放的污水湖畔发现了杨某的白色球鞋，球鞋旁还有一份写在作文纸上的遗书。15岁的杨某走了，他是跳进澄城县的污水湖中自杀的。家长称杨某在遗书中称自己"被英语老师打了"。

网上类似的新闻越来越多，随着独生子女家庭的增多，留守儿童的增多，父母离异儿童的增多，学生的心理问题越来越多，不起眼的一点儿小事就可能使他们走向轻生。

这些孩子走了，我们已经很伤心了，而且还会深深地自责：自己怎么没有再多做点儿什么。可是呢？看看这些案例，孩子走了，留下了遗书："我死以后，我一定找我们的体育老师报仇"、"被英语老师打了"……我们老师到底做了什么呢？我们真的那么可恨吗？我们真的一点爱心都没有吗？我敢说老师的心和家长的心是一样的，家长找学校找老师讨说法，老师找谁呢？

我们知道不能体罚学生，要尊重学生，班主任有批评权，但是有的学生因为老师批评选择自杀，难道就不继续批评了吗？

××老师

这种事，对于孩子及其家长都是一场灾难，对教师也是伤害，可说是"双输"。连学校也是输家。遇到这种事，厘清事实，认定责任，给个说法是必要的，但这是行政部门或者法院的工作。作为教师，我们主要的责任是从中吸取教训，避免此类事情发生。

孩子自杀，在遗书或遗言中责备教师，污蔑或者嫁祸于教师的可能性是很小的。孩子对教师有很大的意见，说明教师大概有错误或者有失误。当然教师本人不会想到事情会这么严重，甚至可能没觉得做错了什么，但请注意，决定孩子行为的是他的感觉，而不是教师的感觉。显然，教师的感觉与学生的感觉相差太多了，天壤之别。这是问题的关键。

学生自杀，人们一般归结为学生心理脆弱，抗挫折能力差。这话虽有道理，但是解决不了问题，因为班上出事了的老师肯定也知道如今学生脆弱，但是他们搞不清班上孩子谁最脆弱。事实上，并不是每个孩子都脆弱，教师也不必如临深渊，如履薄冰。有的孩子你打他一巴掌，下回见面他还是亲亲热热叫你"老师"，没事儿一样。有的则不然，轻轻一碰就碎了。后一种孩子本来是可以发现的，其行为是可以预防的，教师必须学会这种本领。这种本领几十年前不大需要。当年我教书的时候，从未听说学生有自杀的，你若打学生一巴掌，家长会说"打得好"。如今世道变了，老皇历不能用了，新本领却必须学习，如今当老师，比那时候难。

据我的经验，因对教师有意见而自杀的学生往往有以下几个特点。

①性格特别。孤独、抑郁、爱记仇、极其敏感、朋友少。（这个特点不难发现）

②在成长过程中曾受过教师的严重伤害，对教师有成见。（从眼神就看得出来）

③家庭生活扭曲，心理灰暗绝望，似乎再加一根稻草，就能把他压垮。（从日常精神状态中可以看出）

小孩子不善伪装。这几个特点，都是不难发现的。如果教师平日与这种学生关系好，能沟通，自杀的事情就不会发生；如果教师善于察言观色，善于在学生中了解情况，知道某人是个炸弹，不去轻易招惹他，自杀的事情也不会发生；如果发现学生行为反常怪异，及时跟他谈谈，自杀的事情也不会发生。总之，这种事是可以预防的，并不特别困难，因为这样的孩子数量很少。关键是教师不要主观，不要麻木，不要一刀切，创造个人"业绩"的心情不要太迫切。若完全不顾学生个性，反正你不照我说的做就不行，我让你做到的事情你做不到我就和你没完，教师采用此种僵硬的"管理主义"做法，早晚会碰钉子，学生即使不自杀，也会出其他状况。教师既要学会保护学生，也要学会保护自己，少一点儿情绪主义，少一点儿埋怨和恐惧，多一点儿冷静的分析，危险是能够预防的。

（北京教育科学研究院　王晓春）

（二）积极预防自伤自杀

[案例1] 怀疑自己得了精神病的欣

欣带着几分忧虑而又急切的神情跑到我的办公室，"班主任，您现在有时间吗?"她问得干脆、直接。她的表情告诉我,千万不能拒绝她。她说想和我到办公室外面去谈谈心。我放下笔,便和她往外走,把暂时没人的政教室当成了临时心理咨询室。

我们刚坐下,欣便迫不及待地描述了自己的糟糕状况。她说最近心里烦透了,上课走神儿,饭吃不下,觉睡不好,想跑到没有人烟的地方去,或干脆自杀,怀疑自己得了精神病,所以向我求助。

1. 分析原因,制订咨询目标

我问她是什么原因导致她出现了这些情况。她犹豫了一会儿,最终还是告诉我说,是由于看了她妈妈的短信才这样的。有一次,她下晚自习后在玩妈妈的手机,接到一条短信:"宝贝,早点儿睡,晚安。"第二天又看到妈妈收到一条短信:"你离开那个男人,他不是什么好东西!"第二条是妈妈的朋友发来的。她彻底失眠了。她觉得妈妈变坏了,变脏了,自己也变脏了。她想把个那男人弄死,或是把自己变脏来惩罚父母,达到报复父母的目的;或跑到没有人烟的地方去;或选择父母吵架时,从楼上跳下去,让他们后悔一辈子。她苦恼此事不能告诉父母,也担心父母离婚,因为他们已冷战近一个月。她诉说时表情焦躁不安,痛楚中夹杂着怨恨,眉头紧锁,不时发出一声声无奈的叹息。听完这些话,我着实为她担忧。

当我和她制订咨询目标时,她说让我别把她在学校里上课不认真听讲、迟到、讲小话等一些不好的表现跟她父母讲,让她把高三上学期剩余的几个月好好地读完,下学期想转到一个没有人认识的地方去读书。可我问她想转到哪所学校时,她说没想清楚。她反复地说现在不想回家,不想看到父母,看到他们就心烦,就想大声吼他们,恨他们为什么要把她带到这个世界上来受罪。她又不能把此事告诉父亲,她也不想让母亲知道她已发现了这个秘密。她想到外面租房子住,或是搬到学校的宿舍住。后来我跟她一起分析,觉得这两种方式都行不通(目前女生寝室已住满,校外租住不安全)。

2. 确认诊疗方法

①针对她的心理表征，我选用认知疗法。理解了生命的意义她才能珍惜自己的生命。我说："人的生命是脆弱的，你想结束，分分秒秒都行，但对父母得心存感恩、胸怀责任。如果你真的'走'了，你能体味到父母的感受吗？"她说没想这么多，只知道自己的心中充满了苦痛，充满了恨。接着我让她做了换位思考的训练，让她把自己想象成父母，有一天自己的小孩永远地离开了自己，让她通过想象来体味失去孩子的痛苦感受。

②做和父母沟通的训练。做完训练后，她说她此时很痛苦，很难过，又很矛盾，让我给她出主意，让父母和好如初。我们制订了详细的计划，她在什么场景说什么话妥帖，遇到具体的事该怎样处理，等等。

③学会管理自己的情绪。她担心哪一天受不了时会选择自杀，我表示我能理解她的心情和感受，也能体味到她的无奈。我劝她要用正确的方式去接受现实生活中所发生的一切，让她明白自己高中阶段的重要性，不能因为父母的关系影响自己的人生，甚至做出让人后悔莫及的傻事。她问我怎么控制情绪，并说以后受不了时要给我打电话。我同意了她的请求，并告诉她一些正确的发泄不良情绪的方法。后来我和她的父母取得联系，做了必要的沟通。

作为教育工作者，我们不能干涉家长的感情，但作为一名教师，我们有责任帮助心灵陷入困境的学生。

（湖北省潜江市实验高级中学　吴华丽）

【评析】

我感觉上面的个案中老师处理得比较浅，尽管如此，暂时缓解和稳定学生情绪是有可能的。当然，这里起决定作用的并不是老师的方法和智慧，而是老师真诚的态度和良好的师生关系。这个学生属于特别需要倾诉和情感支持的一类，老师只要能用心倾听，并表达出真诚和关心，都有可能使她的情绪得到暂时改善。确实，在改变学生的过程中，常常会产生"关系大于教育"的效应，但当涉及比较复杂的心理问题和现实困难时，仅凭关系和态度是远远不够的，还需要借助一些心理辅导的方法以及教育智慧。

这个案例缺乏一些背景材料，如父母的文化程度、从事的职业、个性特征、父母对孩子的责任感等。如果我作为辅导老师，会设法继续澄清某些重要的信息，这样可以为下一步引导学生、联系家长做好铺垫和准备。当比较全面地了解情况后，我会对相关信息进行梳理。

这个学生面临的主要问题是，家庭问题引发了孩子一系列的心理问题——情绪困扰、认知偏差、偏激的行为动机，同时还严重地干扰了她的生活和学习。

学生的情绪问题：怨恨、无奈、无助、痛苦、担心、焦虑等。

学生的认知问题：离婚是很可怕的；妈妈变脏了，"我"也变脏了。

学生的行为问题：上课走神儿，饭吃不下，觉睡不好。

孩子不合理的应对：把自己变脏、弄死那个男人、跑到没有人烟的地方去、跳楼等。

上述四类问题中，学生的行为问题是不需要处理的，因为解决了其他问题，孩子"上课走神儿，饭吃不下，觉睡不好"等问题一般会自行消失。按"先处理情绪，后处理事情"这一原则，首先要处理好学生的情绪问题，接着帮助学生调整认知，因为认知既干扰情绪，又影响应对方式。在处理情绪困扰、认知偏差的基础上，再引导学生直面实际问题——如何应对目前的困境。

第一步：帮助学生处理情绪

帮助学生处理情绪可以分为两个层面。

（1）不断地对学生表达同理，以给学生提供精神支持

所谓同理就是辅导老师设身处地去体会来访者的内心感受，并用语言或肢体语言表达出来。处理这个个案时，老师可以这样表达同理："看到这

样的短信后，你感到无法接受，觉得很丢脸"，"看到父母在冷战，你的心里很不是滋味，感觉在家里待不下去了，你还特别担心父母离婚"，"高考越来越近了，可你无法专心学习，心里特别着急"。通过老师的同理，学生能够感受到温暖和力量，因为老师是那么理解她、支持她。

学生是带着无奈、无助、痛苦和焦虑等负面情绪来向老师求助的，所以运用同理技巧安抚学生的情绪，给学生注入精神动力是当务之急。

（2）用空椅子技术引导孩子宣泄怨恨、痛苦等强烈情绪

空椅子技术是格式塔流派常用的一种心理咨询技术。此技术运用两把椅子，让求助者扮演不同的角色（或自我的两个方面），进行持续对话。通过这种方法，能使求助者充分体验冲突，而由于求助者在角色扮演中能接纳和整合不同的方面，因此冲突有可能得到解决。有的情况下只需要一把椅子，这把空椅子所代表的人曾经伤害、误解或者责怪过来访者，来访者由于各方面的原因，不能直接把负面情绪发泄出来，郁积在心。此时可以通过对空椅子的指责、谩骂，获得内心的平衡。

曾经有位叫小军的学生，有一次他看到几个男生欺负另一个男生，便打抱不平，上前劝说了几句。没想到那几个男生摩拳擦掌，对他挑衅，最后打起架来。政教主任不问青红皂白把他批评了一顿，并且根本不听他的辩解。他感到很委屈，但是又无法向政教主任发作。因此，他来到心理辅导室求助，辅导教师利用空椅子技术，让他假设政教主任正坐在那张椅子上。然后，小军大声地对着空椅子辩解，并且批评政教主任不去了解事情的真相，经过一番宣泄后，他的情绪逐渐平静了下来。

这里将父母亲与"第三者"作为倾诉和宣泄对象，让学生充分地表达和发泄，对于缓解情绪一定会有良好的作用。

恐惧父母离婚、感觉妈妈的事很丢脸等情绪，靠表达同理和空椅子技术，并不能完全解决问题，这就需要通过认知矫正去改变情绪。

第二步：帮助学生矫正认知

从个案情况看，有两个认知对学生的影响会比较大：离婚是很可怕的；

妈妈变脏了，"我"也变脏了。

（1）父母离婚是很可怕的

这一不合理认知可以用"转念法"来矫正。

①让学生在纸上写出一句话："父母离婚是十分糟糕的事情。"

②让学生把这句话大声地念出来。

③老师问："这句话是真的吗?"（学生一般会回答"当然是真的"之类，然后可继续下一步）

④老师追问："你百分之一百地相信，父母离婚是十分糟糕的事情，是吗?"

（学生一般会产生不确定感）

⑤"想想有哪些事实可以说明，父母离婚不一定是十分糟糕的事情?"

（可引导学生举例或说出理由）

⑥让学生把新的想法写在括号内：虽然我很不希望父母离婚，但……（比如，离婚并没有像我想象的那样可怕），并大声念三次。

⑦引导学生体会前后两种想法带来的不同感受。

⑧"现实没有改变，感受变了，为什么?"（学生领悟到想法变了，感受就会变）

（2）妈妈变脏了，"我"也变脏了

这里可用"改译法"来调整认知。具体地说，就是让学生从正向的角度去看待和解释妈妈的行为。这需要老师先示范，然后让学生自己说出若干种不同的解释。

①老师示范：妈妈这样做或许是有原因的……

②学生改译：妈妈这样做，主要是因为爸爸脾气不好，她需要有人关爱。（让她根据所掌握的实际情况，做出各种正向的评估和推测）

③引导学生体会改译前后的不同感受。

④"有何新的想法?"

用新的视角改译妈妈的行为后，妈妈的形象改变了，学生变脏的想法也会自动消失。

第三步：和学生一起讨论应对方法

师生一起运用头脑风暴找出各种各样的应对方法，可以是积极或消极的，可行或不可行的，然后从中选择较为合理的方案。

如果学生在众多应对方法中选择自己与父母沟通，对于沟通的目的和方式等老师都要进行全面细致的指导。如要让学生明白，沟通的目的不是发泄，而是使父母了解"冷战"带给自己的困扰（没有把握就不要提及第三者问题），期望有一个良好的学习环境。沟通方式上，如果采用口头沟通，可事先进行亲子沟通的模拟训练（老师演家长，学生演自己）。如果不善于口头沟通，可给父母写信，书面沟通的内容老师要注意帮忙把关。此外，还需要提醒学生，无论采用何种沟通方式，都要坚持"非评判"原则，即不评判父母的对错，只表达自己的感受。

如果学生期望老师去沟通，老师要详细地考虑与家长谈话的思路与方案（比如，明确沟通目的，理清要表达的内容，大致构想各层意思的表达顺序及其方法等），切忌越界，不要冒昧地涉及敏感点，或直接介入别人的婚姻问题。总之，不管学生选择怎样的方案来应对，老师都要加强行为方式及操作细节的指导。

走完上面三大步后，有的老师可能还会有疑惑，学生对"第三者"的怨恨、自杀的想法等问题不及时处理，会不会留下隐患？

就"解决问题"这一当前目标看，可以不用专门处理，因为想跳楼或想弄死那个男人，只是学生在无路可走时萌生的念头而已，学生一旦有路可走了，有老师做后盾了，一般不会再去做伤人伤己的傻事。

从"助人成长"这一长远目标看，学生确实需要生命教育。因为学生当时想用自己的生命作为报复工具，这说明她缺乏珍惜生命的意识（如果自杀只是一转念而已，则另当别论）。对学生实施生命教育要注意两个问题。第一，要选准时机。这一案例中，生命教育不是老师第一时间要做的事，当走完以上三步，学生的情绪有所缓和时，再跟进生命教育，才是比较适宜的选择。第二，要用对方法。如果学生是因为别的人或事引发自杀念头，可以引导学生站在父母角度体会失去孩子时的痛苦。事实上，在本案例中，她是因为父母带给她的痛苦和困扰而无法自拔，这样的情况下要求她换位思考，是老师没有站在学生的立场上去体会学生的心情。生命教育有很多切入点，和学生聊聊毕淑敏的散文《我很重要》，让学生思考一下面临大地震等自然灾害时，为什么把抢救人的生命放在第一位，诸如此类的做法都有利于提高学生尊重生命的意识。

（浙江省嵊州市教师进修学校　蒋玉燕）

［案例 2］ 同学们送来"及时雨"

女生兰平时学习特别刻苦，但是每次考试成绩都不理想。一次次的打击，让她坚持不住了，时时流露出轻生的念头。这次月考她又失利了，伤心流泪之后，搬了凳子跑出教室。同学们都很害怕，紧跟其后抱住了她。

我听说了此事，找她单独交流，对她进行了开导。因为她平时性格大大咧咧，很开朗，我就大胆地向她提出了我的想法，即听听同学们对她轻生的想法和做法的见解，她同意了。我在班级里征集了一下学生们的意见，让大家写下来。以下选摘了部分学生的心声。

自杀是一种不负责的表现（周玉伟）

我对这件事的看法是，想法很不阳光，行为很懦弱。

我认为自杀是对自己极不负责的行为，是对生命的轻视。生物学上说几十亿个精子中的一个与卵细胞结合，才能形成受精卵发育成个体，这是多么不容易！而有人却因为一次考试而结束自己年轻而又可贵的生命，多傻啊！况且我们生命中还有其他值得追求的东西，如亲情、友情、爱情，虽然成绩差了，但拥有这三样我照样会幸福过一辈子，何必看不开呢！

我觉得兰承受挫折的能力太差。失败对于每个人来说都是常事，并不是每个人都能一下获得成功的，但只要努力，总有一天会获得成功。爱迪生经过 1000 多次失败，才找到合适的灯丝呢。

如果，我是说如果，选择自杀自己就会得到解脱？就算你的灵魂感受不到痛楚了，但你却把痛苦留给了你的亲人和最爱你的人，你这是对自己、对别人负责吗？你不是！你只是不敢面对现实而选择逃避的小丑罢了，你的死只能证明自己是个懦夫，别的什么都证明不了。

拿出你的勇气，去克服困难吧！不能逃避！应该去战斗！

珍惜自己的生命，让历史记下我们的名字 (刘 赛)

其实，兰想自杀的事儿我早就听说过了，毕竟她也算我们班的"风云人物"。

第一次看到她站在板凳上，从窗户向远处眺望时，我的确被吓了一跳，因为她那动作实在太危险了！几个人去把她拽下来才不了了之。从那以后，我们对于她的"危言"、"危行"都抱着看戏的态度。直到那天，语文老师把我叫出阅览室，跟我讲兰的问题，我开始认真思考了。

兰，一个活泼开朗到近似疯癫的女孩儿，撇开成绩不谈，我有点羡慕她，她不会因为同学们的嘲讽而生气，不会因为别人的冷落而难过，更不会因为有老师打击而伤心，她一直在活出自己，这也正是别的同学做不到的。但那只是曾经！现在这个想要轻生的她，我一点也不羡慕！她不再勇敢，选择了逃避；她不再乐观，选择了消沉；她不再让人羡慕，反而让人可怜。我对她"恨铁不成钢"！

我想说的是：你以为你的死能改变什么吗？你以为你的死能带来什么吗？你的死只会留给你父母、亲戚和朋友一生的伤悲，那是你想要的吗？

珍惜自己的生命，也是一种勇气！去拼搏进取吧，让历史记下我们的名字！

善待生命（张于时）

结束了心有余悸的月考后，班中传出爆炸性新闻：兰要轻生！怎么会呢？一向坚强的她怎么会有这种想法呢？待我一番明察暗访后才知道，罪魁祸首原来是考试，兰在考试中考得不理想，可是，再怎么伤心难过也不至于到这种地步吧？好吧，就让我以一个朋友的身份来开导开导你吧。

你也知道，人的生命只有一次，你怎么能够轻易就放弃生命呢？况且是你的父母给予了你生命，你也没有权利说不要就不要。他们辛辛苦苦养育了你十几年，难道这就是他们应得的吗？这就是你作为子女的报答吗？人生在世，怎能没有挫折，没有失败？不经历风雨，怎能见彩虹？一个人如果没有面对失败的勇气，就注定他是个无能的人！或许我的话语有些偏激，但实在是我的肺腑之言。

再想想语文老师曾说过的，父母最大的愿望就是他们的孩子能够健康快乐地过好每一天。如果你这样走了，你让他们如何面对这一残酷的事实，如何从剧痛中解脱出来？相信我所说的：考上大学不是唯一的出路，农民工"旭日阳刚"照样上春晚，一炮走红；爱因斯坦被赶出学校，照样提出相对论，轰动世界……关键在于你能否有个正确的认识，清醒地认清自己。世界上没有两片相同的树叶，每个人都是独特的，都是一粒闪光的金子，就看你怎样利用自己的价值，创造最多的财富。

艾青说过："光荣的桂冠从来都是用荆棘编成的。"在人生的旅途中，到处布满荆棘，毒草丛生，或许你已跌倒过无数次，哭泣过无数次，甚至放弃过无数次，但我要告诉你，失败是成功之母，往往是那些跌倒过又站起来的人最先敲响胜利的钟声……

愿你早日走出失败的阴影，迎接美好的明天！

兰看完这些评价后，先是笑了，然后很平静地说："老师，我很感激他们对我的理解和鼓励。你放心吧，我会很坚强的，有同学们和您对我的理解和支持，我更坚信自己了。"

（江苏省宿迁市泗阳中学　董　云）

（三）自伤自残的妥善处理

当前，"自伤现象"年龄呈下降趋势，由社会波及学校。学生自伤的原因有很多种，但粗略归纳起来不外乎两类：一类是学生患有心理疾病；一类是学生把"自伤"当作一种手段，逼迫学校或家长就范，以达到自己的目的。

［案例1］ 等待花开的日子

连续几日，我发现学生小澜的手腕上都包裹着一条手帕。一开始只当是天热擦汗，不曾多心。然而，一个偶然的机会，我发现她的手腕上竟细细密密的有十几道浅浅的伤痕，其中一条明显是刚划的，慢慢沁出的血顺着手臂流出。我一把抓住她的手，问伤口是怎么回事。她言辞闪烁，始终不敢看我，一会儿说是不小心弄伤的，一会儿说是好玩划一下而已，说完便挣脱我跑了。第二天，我再次在她手上看到新伤痕，便顾不得她不情愿，立刻把她带到办公室。

自初一接班以来，小澜一直是我的工作重点之一。她家庭条件一般，父母常年在外工作。她的生活大多自理，行为习惯散漫，时有迟到、违反纪律、与男生打闹、不交作业等现象出现。经过几个月的督改，她也有意识地慢慢转变自己。在一次与同学争执的过程中，她被砸伤眼睛，我及时带她治疗，并和同学们一直持续关心、照顾她。自此，她对我的话基本是言听计从，行为习惯也在一天天朝着我期望的方向转变。

但这次发现她有自伤行为，实在大大出乎我的意料。

【应对策略】

1. 包扎伤口，解决认知

面对小澜的问题，我第一步要做的是修正她对自伤的认知。拉过小澜的手处理伤口时，她还使着暗劲儿反抗。我冷着脸呵斥她："你这是自伤，你怎么这么不爱惜自己！你这次错得太离谱了！"她大抵是第一次见我如此生气，低着头，一声不吭地任由我擦洗伤口。于是我语气转缓："你这样做既伤害了自己，也让父母、老师担心，还可能给同学带来负面影响。你一向聪明，怎么会做出这样的傻事呢？"听毕，她低声说道："我不敢了。"

2. 倾听共情，疏导情绪

我问她是否遇到不开心的事，她又沉默了许久，才吐出一个字："烦！"她说不出原因，总之就是莫名觉得烦。听朋友说割手腕可以得到缓解，她便尝试了，感觉肉体的痛缓解了情绪上的苦。我听她慢慢地倾诉，只是偶尔插几句话；或在她说不清时，梳理一下，并给她分享一些疏导情绪的方法和经验；鼓励她发挥特长，参加绘画班，转移注意力，也欢迎她随时来找我谈心。谈到最后，她答应我，再也不会伤害自己。

3. 跟踪辅导，学会调适

一次谈话不可能完全解决问题。我坚持每天观察她，不时寻找机会和她闲聊，了解她的生活动态、交友情况和学习状态，引导她关注生活的积极面，学会调适自己的心情。

但一个月后，我又见她的手腕上有一条红色的痕迹，不由得紧张地望向她。她扑哧一声笑了："老师，不要紧张，这只是刚才不小心被红笔画到的。"她怕我不放心，再三保证，还伸出手来让我检查，说："以前的刀痕都快消失了，这样的事情会成为历史的，不会再重演。"这番话，实在让我很开心。

4. 给予机会，鼓励发展

初三新增了一门学科——化学，需要一名化学科代表。下课前两分钟，我鼓励学生毛遂自荐，或推举别人。在学生此起彼伏的各种推荐声中，我看见她两眼闪着期待的光，轻咬下唇，似乎欲言又止。于是我便趁着铃声，告诉大家我回去仔细斟酌一下再决定，然后坐在办公室里等。果不其然，她找朋友推荐她当科代表，我二话不说便敲定了她。从此，每当化学课或晚读科目是化学时，我都能看见她活跃的身影。她的化学成绩也一直稳居班中前三名。

一般的问题生有这样一种普遍心理：自己不可能有多大作为。这种消极心理使他们降低了自我期望值，凡事以此为借口得过且过，缺乏拼搏的动力。但事实上，在每个学生内心深处都怀有对成功的渴望。

初三第二次月考成绩出来了，看着她的成绩，我煞是惊喜。相比第一次月考，名次进步了 63 名。我把这一好消息告诉她时，她却笑得很淡然。家长会上，我让她作为学生代表上台讲讲自己的故事。站在台上的她，羞涩、紧张，眼神却是那么坚定。演讲结束时，她在家长们的微笑和掌声中，傻傻地对着我笑。那一刻，我仿佛听见了花开的声音。

（广东省湛江市二中海东中学　林燕玲）

［案例2］骂醒"怨男"

小凡是从外校转学过来的插班生。据说，只要不开心，小凡就会哭得惊天动地，还要寻死觅活。父母曾狠狠地训过他，每训一次，小凡就自残一次，吓得父母只好顺着他。这样，小凡更加有恃无恐了。果然，来我班没几天，小凡就和同学闹过几次小矛盾，每次他都会大哭大叫，甚至看见什么摔什么，有次竟一口气摔破了十几个开水瓶。一来二去，同学们处处都让着他，可他耐不住寂寞，又主动挑衅同学。一次和同学玩闹时吃了一点儿小亏，他就躺在地上撒泼，大喊大叫，我连忙请来了家长。面对父母的劝慰，小凡闹得更厉害，还用头撞墙，用小刀比划割手腕，把他父母吓得脸色惨白……折腾了一个多小时后，筋疲力尽的小凡才平静下来。自此，小凡成了地地道道的"怨男"。

【应对策略】

怎样才能改变小凡，让他不再撒泼、自残呢？我想，必须帮助他认识自己，还他男孩的阳刚之气。

几天后，小凡要和同桌逗闹，同桌不敢接招。怒气冲天的小凡一拳砸向同桌，同桌一闪，小凡的拳头狠狠地落在桌子上。小凡哭得天昏地暗，又要用头撞墙……

我连忙把小凡叫到一个僻静处，小凡哭泣着的脸上透出一丝狡黠与得意，以为他又稳操胜券了。

我突然脸色一变，怒吼道："小凡，你是个男人吗？"

本以为我会百般哄他、劝他、求他，可我却发威了，这大大出乎他的意料。他的哭声戛然而止，但只停了非常短暂的一瞬间，然后哭声又似天崩地裂般奔涌而出。

我接着大吼："你已经满 18 岁了，是一个大男人了！你照镜子看看，你哪儿像一个男人？！"

听到此话，小凡一边狂喊"我不活了"，一边把自己的拳头拼命地往草地上砸。

我指着旁边的一块大石头对小凡大喊："砸草地算什么本事，有种你就砸石头，你把手砸烂，看看有没有人拉你！"

小凡以为他自残的绝招一出，我必会缴械投降，没想到我根本不理他的茬儿，只好无奈地把那双砸向草地的手停在半空中。

我乘胜追击："怎么，不敢砸？怕痛还是怕死？你不是口口声声说不想活了吗？"

小凡彻底败下阵来，哭声渐渐减弱，最后停了下来，偶尔的抽噎表明他刚才伤心地哭泣过。

接下来，我给小凡讲了作为一个男人应该具备的基本素质：做人要坚强，男儿有泪不轻弹；待人要宽容，不要和他人斤斤计较；为人要乐观，做到快快乐乐地生活……并给他推荐班上那些具有男子汉气概的优秀男生，鼓励小凡多和他们交往。小凡由开始的不屑，慢慢地变成了默认，然后频频点头，最后开心地笑了。

被我狠狠"骂"过一次的小凡再也没有撒过泼，有几次小凡受"委屈"后，眼泪在眼眶里直打转，硬是没掉下来，我及时地给予了肯定和鼓励。

渐渐地，小凡变得越来越坚强、开朗、自信了。他在写给我的信中说："老师，是您拯救了沉迷于用撒泼来赢得关注的我，是您骂醒了我！请您放心，我一定要做一个真正的男子汉……"

（安徽省宿松县阳光高中　曹新民）

［案例3］ 自残的男生和女生

自残的女生

自残的女生是在高二下学期转到我们学校来的，在高三年级的一次模拟考试中，她在考试的过程中作弊被监考老师发现，并记入了考场记录。她知道，按照学校的纪律要求和一贯做法，第二天她的名字将会被公布在批评栏中。就在考试结束的当天晚上，她以散心为名，拉着一名同学到了小河边，当着这名同学的面，用小刀在自己的手腕上划了一道浅浅的口子，当时便鲜血淋漓。她让同学给父母打电话，告诉他们自己割腕了，然后要求父母向学校提出第二天不能公布她的名字。她的父母第一时间里不是去救护她，而是真的给班主任打电话完成孩子交给他们的任务——要求学校不要公布她的名字。

自残的男生

2013年春节刚过，一对夫妇要求给正在上高二的孩子留级，在得知高中没有留级规定后，悻悻而归。第三天这对夫妇又来了，说学校必须给他们的孩子办留级手续，办不了留级，办一个"假休学"也行，原因是孩子在家绝食，已经三天没进食了，声称不给他办留级，他就把自己活活饿死。说到这里，夫妇俩声泪俱下，说他们夫妻两大家就这一个男孩，万一孩子有个三长两短，他们都没法活了。

【应对策略】

1. 剖析两名学生自残的深层次原因

案例中的女生出生在一个干部家庭。在她成长的过程中，无论犯了什么错误，她的家长都会出面摆平。这就是她在学校三令五申作弊就会被公开点名批评的情况下，仍然敢于作弊的原因。按说她能让家长出面摆平，大可不必采取这样极端的办法就能办到，但是她知道她现在就读的这所学校跟以前的学校不一样，不是家长可以轻易摆平的。她不采取极端的方式，家长未必愿意出面摆平，即使家长愿意出面，也未必能够说服学校。她以为这样的"高招"一定可以让学校乖乖就范。这是她自残的深层次原因。

案例中的男生出生在一个农民家庭。父母在生了七个女儿后生下了他，可以想见他在整个家庭中的地位。不能不说的是，他是其父母两大家下一代中唯一的男孩。在这样的背景下，男生家族的所有成员从他小时候开始，就对他百依百顺。他要干什么，家长必须给予满足，否则他就会一次次地使出自己的"杀手锏"，逼家长就范。家长在他逼迫下，一次次妥协、投降，直至他以"死"相逼。这是他自残的深层次原因。

2. 研究对两名学生自残行为的处理办法

（1）教育父母及其他家庭成员

女生自残行为发生后，我们没有急于决定怎样去处理她，而是先请来了她的父母，同时要求他们家与教育这个孩子相关的重要人员也一并到场。女生除了父母外，她的爷爷、奶奶、姥爷、大伯也都到校了。我们向他们提出一个问题：我们为什么要养孩子？养孩子的目的何在？几个家长都是一脸茫然，显然他们从来都没有认真思考过这个问题。然后我们就与他们一起分析，养孩子的目的无非两个：一是让孩子幸福成才，二是将来侍奉老人。那么，孩子这样下去能否幸福成才？自己犯了错，不愿意承担后果，还用这样的极端手段来要挟家长和学校，如果任由她这样发展下去，最后的结果会是怎样？这是她第一次采取极端手段，是教育她以后不准这样做的最佳时机。最后，几名家长一致同意学校按章处理，他们会做好相应的善后工作。

男生一家除父母到场外，他的二姐和小叔也都到场了。到场后，我们问他们：为什么要这么娇惯这个孩子？娇惯的目的是什么？同样，几个家长也都是一脸茫然，显然他们也从来没有认真思考过这个问题。然后我们就与他们一起分析：娇惯他，是因为他在家族里太金贵了，娇惯的目的无非是让他成才。问题是，就这样下去，他还金贵得了吗？他还能成才吗？不仅不能成才，还会成为家族的祸害。什么都满足他，他的胃口会越来越大，有一天你们满足不了他时，他会采取什么办法来逼迫你们，恐怕是难以想象的。所以，必须从这次开始用事实告诉他，你们没有能力什么都满足他，让他学会向别人妥协——这是人生的一个至关重要的能力。最后，家长一致同意听从学校的安排。

在这一环节上，有两个问题值得注意。一是教育方法的选择。教育家长的前提是真正替他们着想，替他们分析孩子的问题时要理性和科学。家长疼爱孩子是一种感性行为，情感充溢时往往会遮蔽理性的思考，看不到事件背后潜藏的危险，我们必须适时地把它给揭示出来，敲醒被情感遮蔽的家长。帮助家长分析问题时，要渗透心理学原理和教育学原理，让他们感到我们是在替他们孩子的未来着想，是对他们家庭的未来负责，这样，家长才能接受我们的意见和观点。

二是除请了家长外，为什么还要请家族中那些至关重要的成员？在家族中对孩子教育或产生影响的往往不只是一个人，甚至在家庭教育中起最重要作用的可能常常不是其父母，所以，对孩子的教育，家族内部必须意见统一，形成合力。否则，只让父母到场，很有可能达不到形成合力的目的，对自残学生的教育也就难以成功。

（2）坚持原则不退让

在做了家长工作后，第二天学校依然按规定公布了女生的名字。女生在家庭成员合力的教育下，第二天带着绷带重新参加了考试。自此之后，这个女生在我们学校再也没有犯过作弊的错误，其他方面也很少犯错。家长说是我们帮着改掉了他们孩子从小养成的坏习惯。女生说，犯错还得自己顶着，家长也帮不了忙，为什么还继续犯错呢？

在男生家长都赞同我们的观点之后，我们建议家长回家对孩子说："学校坚决不同意他办'假休学'的要求。要么回校继续上学，要么退学，绝食不吃饭也无法让学校让步。"孩子听到这一消息后，第二天就吃饭来上学了。家长说非常感谢学校，是学校帮助他们让孩子第一次向家长妥协了。

3. 这种处理方式看似"冷酷"，其实意义重大

学生使用自残的方式逼学校让步，学校却依然坚持原则不动摇，这样的处理方式似乎过于理性，过于刻板，过于"冷酷"。其实，这样的处理才是真正的爱，是一种大爱。

这样的处理方式对学生本人的意义重大而深远。对女生的处理方式是在用事实来告诉她：自己犯的错误，后果必须自己来承担，父母是无能为力的，今后做事必须先认真思考其后果，然后再行动。假如不这样处理，今后，她会越来越肆无忌惮，终有一天，她会闯出让她的父母无法摆平的祸，给自己和家庭带来不堪设想的后果。

对男生的处理方式也是在用事实告诉他：他不是世界的中心，世界不可能都围着他转，哪怕他采用极端的方式，外界该不让步的照样不让步，以此来纠正他以前养成的"以自我为中心"的思维习惯。这种理念的注入和思维习惯的改变，对于这位学生来说，意义深远。

这样的处理方式对家长来说也有特别的意义。实际上，这是用事实来教育家长该用什么理念爱孩子，该如何教育孩子。从某种意义上说，很有可能为他们的家庭规避了灾祸。

这样做对学校也有特别的意义。首先，保证了校纪校规的严肃性。校纪校规一旦确定执行，就必须贯彻到底，不得有例外。其次，对这种把自残作为一种手段来要挟学校让步的行为不加以打击，后患无穷，它会引来越来越多的模仿者。再次，真正的教育是人的教育，培育学生成人。假如对这类自残的学生让步，这样的学生终将不能成长为"人"，那么，学校的育人工作就是失败的。

对这类以自残为手段来达到其目的的行为，学校决不能手软。这种"不手软"从表面上看似冰冷，实际上是对学生及其家长真正的关心和爱护，但一定要讲究方法。

（安徽省阜阳市第三中学　赵文汉）

（四）自杀未遂的应对之策

［案例1］纵身一跃的"丑小鸭"

我班的学生星星，一向成绩优秀，讨人喜欢。但他今天的表现着实让我大跌眼镜：四个常用词语全部写错，不是多一笔就是少一画，不是多了个偏旁就是少了个部首，这样的低级错误发生在星星身上，让我颇感意外。纠正后再错，让他在心仪的女孩面前颜面扫地，在追捧的粉丝面前无地自容。面对同学失望的表情和惊异的眼神，一向自我感觉良好的星星仿佛从云端一下子重重地摔到地上。从众人眼中的骄子一下子变成了一无是处的"丑小鸭"，伤心、挫败感……让这个正处青春叛逆期的少年心中五味杂陈，百感交集。课间，他冲出教室从三米高的窗台纵身一跃……

医治(5月23日15:15)

第一时间把他送往医院，我一路和他说话，让他保持清醒的意识。经医生彻底检查，所幸星星只是手臂轻度擦伤，无需缝合，大脑无损伤，情绪平稳。我长长地舒了一口气，心中悬着的石头总算放下了。

沉思（5月23日15：40）

望着手臂上搽着红药水的星星，我的心里打翻了五味瓶。医生可以治疗人的生理疾病，但他的心病怎么办？面对生命这个沉重的话题，我的教育引导该从何开始？直截了当地问"星星，你为什么要跳楼"无疑是往他心灵的伤口上撒盐。但如果进行冷处理，会不会给众多在场的目击学生一种错误的信号，觉得星星的"英雄壮举"让老师都不敢再教育他了？以后遇到类似的情形，其他孩子会不会盲目模仿就很难说了。

疏导（5月23日16：00）

"星星，还记得我们一起读过的《活了100万次的猫》这本书吗？我们要像虎斑猫一样——'为自己而活'！"

星星看懂了我的手语，流下了两行热泪，他开始为自己一时的冲动和过激行为后悔。

我趁热打铁："为自己而活，有自己的生活：恋爱、成家、育儿、痛苦、疾病、死亡，这是虎斑猫的一生，按照自己的想法好好活一次就足够，不做别人的宠物。孩子，你像虎斑猫一样，好好爱惜自己，和自己的家人共度一生，这才是你应该拥有的人生。仓促退场，狼狈离去不是我们的应该做的事儿。"

星星流着泪，用喑哑的声音说道："马老师，对不起！"

我为他拭去眼角的泪水，拍拍他的肩，转身走出了病房。

母爱（5月23日17：00）

星星的妈妈也从家里匆匆忙忙地赶来。我在电话里已经告知她孩子是安全的，以免除她的担忧。妈妈一见到孩子，就查看了脑部 CT 检查报告和身上的擦伤，又是心疼又是责怪："星星，你怎么能这样？你知道吗，你把妈妈和老师都吓死了！你知道这样做你让妈妈多担心！让老师多失望、多伤心！"她，其实是星星的继母，看得出这是一位善良、慈爱的女人。

开导（5月23日17：30）

我觉得这会儿不是责怪星星给他增加心理负担的时候，重要的是要让他感受到现在是安全的，是可以被理解的。

我打断了星星妈妈，对星星说："人生路上，老师也失败过无数次……重要的是，我一次又一次地站了起来。一次次的历练，让我心理变得成熟，内心变得强大。在失败面前，我屡败屡战；在挫折面前，我愈挫愈勇！星星啊，你知道成功的背后要付出很多的努力，成功要是那么容易，也体现不出它的重要性，是不是？星星啊，你是一个坚强的男子汉，你一定会证明给老师看的！"

星星使劲儿地点点头，泪水又一次夺眶而出。他需要宣泄！我知道只有在接纳理解他的人面前，他才能痛快地哭出来。我搂起星星，把他的头轻轻靠在我的肩上……

关爱（5月23日晚间）

做完皮试，打了破伤风抗毒素，星星的身体没什么大碍，我们就带他离开了医院。

陪他吃完晚饭，用冰帮他敷了敷身上的淤肿，他的情绪也逐渐趋于平稳。作为各种活动的主角，星星表示愿意立刻参加大赛在即的经典诵读排练。看着他认真的样子，我也和往常一样一字一句地帮他正音，指导朗诵中的表情动作。排练结束后，我送他回宿舍，安排他洗漱、就寝，并嘱咐心细的孩子留心照顾他，一直忙到深夜才拖着疲惫的身子回到家。

深思（5月23日子夜）

回到家，白天发生的一切历历在目，过往种种涌上心头。

星星今年18岁，小时候因用药不当导致听力受损，一年级时就读于我们的特殊教育学校，现在已是八年级了。他的身世很可怜，幼时父母离异，由性格粗糙的单身伯父领养，温饱尚且难保，谈何情感上的交流爱护？亲生父母为个人恩怨所缚，活在成人爱恨情仇的世界里，这些年来，各自在外飘荡，对星星不闻不问，形同路人。

五年级时我做他的班主任，四年来，我对他是关怀备至。他今天竟然会因为一点儿小事，做出这种惊魂之举……

其实，长期以来我的心一直悬着。生理的残疾、心理的障碍让他背负了太多，我对这个无辜而不幸的孩子也倾注了更多的同情与怜爱。

他聪明好学、积极上进，成绩在班上一直名列前茅，我就刻意磨砺他，多给他展示才能的机会。生活上，饿了、冷了、病了，我责无旁贷地照顾他，带他去我家吃饭，买衣服给他……这四年来，我自问无愧。

虽然他总体上给我的印象是乐观自信、阳光向上的，但我深知每个人的心里都有寒冷脆弱的一面，阳光和阴影同时存在，星星也不例外。

近期，他正在和班上的一名女生谈恋爱。在我留意观察、旁敲侧击、悉心引导之后，他和她学习上相互鼓励，生活上彼此照顾，步入少男少女正常交往的轨道。但长期缺爱的孩子，一旦到了青春期，他的感情是强烈甚至猛烈的，看似势不可当，实则脆弱无比，一触即溃。爱情是一种情感，更是一种责任，而他还是个小小少年，稚嫩的肩膀能担当起什么呢？一直就渴望得到女性柔情关爱的他，一旦喜欢上一个女孩，就会产生一种近乎偏执的在乎。一旦失去，是毁灭性的。然而，越在乎越容易失去。在他一错再错之后，他无法面对女友失望的目光，更无法面对自己犯的不可思议的低级错误。这颗脆弱的心灵瞬间崩溃了，苦苦营建的自信心也轰然坍塌了。

人在失意时，最容易回想起自己的种种不幸和痛苦，心里更绝望，更怨恨！潘多拉的盒子就这样被打开了，释放出潜藏在他内心很久的魔障，也就有了下午的"惊魂一跃"……

隐痛（5月24日凌晨2：40）

白天发生的一切如同走马灯般在我脑海里翻腾。看到他躺在地上的那一刻，我五内俱焚！但作为他的班主任，第一时间，我必须撑住，果断处理！去医院检查、向校领导汇报、进行心理疏导、加班排练节目……连续紧张高压的工作让我没胃口吃饭、想哭、睡不着觉。凌晨我拿起笔记下这一切。我知道自己必须坚强，必须振作！说到底，作为他的老师，我不想他就这样毁了自己。况且，我也不想在自己的职业生涯里留下缺憾和悔恨……独处时，有一种无力感，心隐隐地疼着，说他的纵身一跃是试图解脱，那他带给我的巨大心理冲击何时才能散去？

引导（5月29日8：25）

眼见着星星身体一天天好起来，他既能在篮球场上挥汗如雨，又能在经典诵读中脱颖而出，我知道是时候再做一次关于早恋的引导了。这天的第一节课，我和孩子们分享了一段话："被一个人或者被一些人喜欢，是无罪的；你陶醉于'被喜欢'，而忘了自己的前途，那就是对自己的犯罪！爱，意味着必须给对方带来欢乐幸福，而不是灾难、痛苦、前途渺茫！"星星和她反复读着这句话，两个孩子深深地点头！我相信，道理他们是明白的。孩子们，我希望你们不要一味地沉溺于感情，迷失自己，耽误自己。

接纳（5月30日至今）

现在，星星要面对所有的师生重新开始，此刻他是艰难的，我们要给他创造一个温暖的人际环境。在班上，我教育孩子们，我们班是一个大家庭，八年来的朝夕相处，我们早已是相亲相爱的一家人。我们在乎身边每一个同伴，不管谁有困难，大家都会鼎力相助，有什么事我们一起想办法。"让人们因我的存在而幸福"，一直是我所欣赏并大力推行的做人理念，孩子们都挺懂事的，没有谁嘲笑星星，一切照旧。他们一起学习，一起打球，一起聊天。而星星也在努力调整自己，这几天课堂上，当我打量他时，他都会敏感地低下头。当我鼓励他时，他也给我积极的回应。下课了，星星仍在教室里大声朗读课文，我想他是在用自己的声音告诉我他现在很好，他对自己有信心。或许，这也是他知道自己错了的一种改正方式吧，我心里也稍稍踏实了些。我理解他需要时间来平复心情，重塑形象。

此外，我们和星星家长，包括他的伯父交流了孩子的情况，告诫他们父母与亲人的作用无人能取代，星星继母表示会多给他些关爱。当然，也只有家长真正重视起来，才能防止此类悲剧的发生，为人父母要有这个意识和觉悟。

………………

星星很快痊愈了，但这件事，让我反思，我深刻认识到对有特殊遭遇的学生进行心理健康教育的迫切。我意识到一个人的心智成熟远甚于智力发展，心理调适比生理治疗来得重要。

（江苏省如皋市特殊教育学校　马晓莉）

［案例2］日子深处有阳光

小青同学，外表看起来很阳光，其实是个性格孤僻、自卑、沉默甚至有点偏激的女生。上课时只顾干自己的事情，作业经常不做，但考试成绩还可以；下课不和同学交流，喜欢一个人仰望天空；班级的活动不愿意参加，久而久之，同学们都对她很有意见……前任班主任不厌其烦地向我介绍着。看来，小青这个孩子，的确给前班主任带来了不小的困扰。为什么一个表面阳光的女孩内心却如此抑郁呢？

要自杀的小青

开学第一天，站在我面前的小青，扎着翘翘的马尾辫，水汪汪的大眼，显得很聪慧，给我的第一感觉是她应该不难相处。

接下来的一个晚上，我找一些学生聊天，小青也主动坐了过来，笑眯眯的表情越发显得可人。"老师，我也想和你聊聊天！"她忽闪着大眼睛对着我。我拍拍她的肩头说："好啊！丫头，我们聊什么话题？你定吧！"我上下打量了她一下，目光交汇的一瞬间，我捕捉到了她眸子里闪过的一丝惶恐。我微笑着说："我是个很热情的人，大大咧咧的，很喜欢交朋友，你呢？"她目光怯怯地看着我说："我没有朋友！"我拉着她的手说："打开心扉和身边的人交流，你会有朋友的。我们就可以成为朋友啊，我以前的学生都喜欢我，我也相信你会慢慢喜欢上老师的。"当我说出这句话时，我发现她眼里泛着泪花，两只手不停地搓着。我再一次把手伸向她，她像触电一般逃离了我的掌心，身子背对着我，一副很恐惧的模样。我伸出双手想要拥抱她，她不但狠狠地拒绝了我，还瞪大眼睛怒视着我。我被她吓着了，怎么情绪如此不稳定呢？我调整了我的情绪，轻声说了一句："丫头，回班看看书吧！"

之后，我找来同班的小唐了解情况，小唐告诉我："初一时她就这样，所以同学们都不喜欢跟她玩，背地里还讲她的坏话，她就越来越孤僻了，甚至还有一些过激的行为！"从小唐的描述中，我知道小青的心门关闭已久，就特意叮嘱小唐放学跟小青一起回宿舍。没想到放学时，小青不愿意小唐和自己一起走，到班级门口，她的情绪就控制不住了，浑身颤抖，双手不停地在身上狂抓着。我见状很是心疼，就跑过去，拥她入怀，阻止她，没想到她的反应更加强烈，朝我射来仇恨的眼神，用力挣开了我的双臂，飞一般地逃走了。

看着她狂奔的背影，我的心揪在了一起，瞬间脑子里一片空白，瘫靠在门口。"老师，我去跟着她！"小唐急匆匆地说，我这才愣过神来："好！跟紧她，千万别出事啊！"小唐匆匆跑开了，而此时，我的心也好像被抽空了一般，没了着落。独自坐在走廊上，我陷入了长久的沉思中："这孩子是怎么啦？"我强作镇定，来到女生宿舍，看到小青睡在床上时，我那颗悬着的心才稍稍放下。那一夜，我彻夜未眠。

一个星期后一天的晚上十点，我接到学校老师打来的电话："你在哪里？快来学校，你班一个女生出事了！"我没搞清楚状况就匆匆赶往学校，到了我才知道，事情是这样的：小青要跳楼自杀，被宿管阿姨和两个女生抱住了，要不然就出事了！我马上打电话给家长，请他们立即过来。在这期间，我去了解情况，学生们告诉我：小青讲了小雨的坏话，小雨知道以后很伤心难过；小青特别内疚，就写了一张条子给小雨道歉；由于是上课时间，小雨没及时回复小青；小青心里越发难过，就在宿舍说要自杀赎罪。小青这么一说，把大家吓坏了，赶紧去告诉宿管阿姨，结果小青真的吃了大量感冒药，昏昏沉沉地要跳楼。幸好阿姨及时赶到，拦下了小青。

家长很快来了，我把情况如实地反馈给了家长，建议家长先带孩子去医院洗胃并做好孩子的心理疏导工作。那一夜我又失眠了。

接下来的日子里，我买了很多心理方面的书籍，也上网看了不少类似案例。在和小青的交流中，我提醒自己注意方式方法，遇到困惑向学校的心理咨询师请教。我经常找小青的父母来校谈心，告知她在校的表现以及我的担心与困惑，但效果甚微。我知道小青的家庭教育是有些问题的，我能做的就是给小青更多的关注与爱。

在一次活动课上，学生们积极参与，热情高涨，都沉浸在游戏的快乐中，而小青却躲在墙角处浑身发抖，双手抱头，不住地抽泣。无论我怎么开导，她都是那样的痛苦不堪。看到她那异样的表现，我的心很疼。那一刻我对自己说："我要好好爱护这个孩子，我要给她安全感。"

音乐，拉近了你我

一次班会课上，我跟孩子们提议道："今天，咱们不讲大道理，来个才艺大比拼，你们有哪些绝活，在老师面前露两手，让我饱饱眼福，行不?"教室里的欢呼声惊天动地，有些俏皮的学生说："老班先露一手!"学生一片起哄声，我也不谦虚了，说谁来跟我伴奏，我唱一段。学生们一致推选了管乐团的人员，我说："小弦、小青，准备家伙!"伴着音乐声，我像模像样地唱起来了，孩子们惊呆了，平时那个不解风情、特像男人的老班，居然还有这手! 接下来，孩子们一个比一个能唱能跳，小青也表演了节目，她古筝弹得真好。孩子们鼓掌的那一刻，我看到了笑容绽放在小青的脸上，我打心底里为她高兴。

小青和我之间有了交流的话题——音乐，她经常到我办公室和我交流。我是门外汉，但我知道，小青的那份投入与自信，深深地打动了我。我是她忠实的听众，我愿意和她沉浸在音乐的国度里找寻那份快乐与幸福。当她一蹦一跳地走出我的办公室时，我知道我们的心在音乐声中拉近了。

学校"我行我秀"的文艺汇演工作开始报名了，小青羞涩地来到我的办公室，告诉我她想参加，想为班级争光。我肯定了她，相信以她的水平肯定能过五关斩六将。听了我的表扬以后，她十分开心，像个娃娃一般在我面前撒娇。有次排练，由于时间紧，大家连午饭都没吃，我很是心疼，从超市里买了点饼干和面包，她们边吃边练，直到音乐终于合拍了。我拼命鼓掌，小青悄悄地溜到我的后面，把饼干送到我的嘴边，俏皮地说："强将手下无弱兵嘛！老师，我们是最棒的！"

比赛那天，小青很紧张，跑过来搂着我说："老班，我们要是输了，怎么办？"我平静地说："结果并不重要，老师更看重过程。你们的付出，老师都看在眼里，没事的，就像平时练习一样，老班会在台下为你们加油！"赛场上，小青大胆、自信，赢得了台下阵阵掌声。当报出一等奖获得者是小青时，台上欢呼雀跃，台下整个班沸腾不已，那一刻，我们班的52颗心贴在了一起。

真情，感动着你我

"孩子是一株幼苗，不是一段朽木。"在和孩子们相处的点滴中，我倾注了全部心血，倾注了全部的爱。我的爱孩子们感觉到了，小青也渐渐接受了，化作了每天最朴实的行动：早晨，她总是帮我打扫办公室的卫生；中午，她会给我留纸条，说说自己的困惑；晚上放学，她总是跑到我身边和我说一句："老师，再见！"

还记得那次元旦联欢会上，小青把她最爱的薯片送来给我吃。我嚼在嘴里、甜在心里；小青走到台上告诉大家："庆幸遇到了你，我很幸福……"句句暖心的话语直达心底，感动着我。

后来的日子里，小青不再冷漠，不再敌视，走进了这个集体，走近了我。我知道这是我们大家共同努力的结果。在小青的身上，我看到了阳光是那么明媚。春游那天，光线特别刺眼，小青戴了个帽子，穿了身运动服，打扮得很精神，还背了一个大包。她跑过来悄悄地告诉我说，准备了双份零食，里面都是我喜欢的麻辣味小吃。到了中午，小青取下帽子给我戴，还打趣地说："我皮厚，耐晒，经得住太阳的考验！"那一天，我很轻松地爬上了山顶，看到了顶峰处的美景。

在山上，小青抱着我哭得像个泪人一样，向我讲述着家里的故事，告诉我她父母关系不好，家里经常吵闹，整个童年听到最多的是骂声，看到最多的是摔、砸东西。她不知道跟谁倾诉，当害怕到极点的时候就仰望夜空，对着星星来诉说自己的恐惧。听后我很震惊，也从心底里佩服她，至少她现在敢于直面问题，不再躲避了。我拍拍小青的后背，安慰道："总有一天会过去的！老师会陪着你走过一段有阳光的日子！你的未来就像这险峰处的美景一样精彩！"说完，我抹干孩子的泪，一起在顶峰拍下了照片。照片上的小青是那么的可爱、那么的阳光。

母亲节那天，我一早来到办公室，看到办公桌上放着一张卡片，打开一看，字迹告诉我那是小青的祝福，那句"老班妈妈"着实感动了我老半天。我捧着卡片，读了一遍又一遍，泪水在眼眶里打转。

（江苏省南京市东山外国语学校　邬　梅）

（五）自伤自杀的善后干预

1. 自伤自杀危机善后模式

据世界卫生组织发布的统计数字显示，全世界每年约有 100 万人自杀死亡，而自杀未遂者则为此数字的 10 至 20 倍，全球平均每 40 秒钟就有 1 人自杀身亡，每 3 秒钟就有 1 人企图自杀。在我国，平均每 2 分钟就有 1 人死于自杀，8 人自杀未遂。在 15～34 岁年龄段的青年中，自杀已是首位的死因。

从最近对中小学生的生存质量调查报告来看——年龄越大，越相信"来生"、"下辈子"、"转世"等迷信思想。据统计，17.2% 的初中生和 31.1% 的高中生相信生死轮回，生命观比较模糊。

这些触目惊心的数字对学校教育提出了严峻的考验：学生的升学压力、学业压力、同伴压力，甚至家庭压力都越来越大，再加上有相当部分的学生对死抱有美好的幻想，如果真的出现了学生自杀的现象怎么办？我们该怎么来处理？

一旦发生了我们谁都不愿意看到的危机，如学生自杀、自残、自虐，那么就要加快处理。这时老师不能慌，不能乱，冷静、有条不紊地运行危机干预程序才是当务之急。找到目击证人记录口供，叫120救护车，向教育局打报告说明情况、寻求支持，变动课程、安排代课……这些常规性步骤处理完后，我们还应做些什么？

（1）校长发布消息

①该不该发布消息？

一定要发布！

遇到学生自伤自杀事件，大部分人都会表现得惊慌失措，不知道该怎么处理，不少人情急之下认为应该大事化小，小事化了，隐瞒，不采取任何干预措施。但谣言满天飞，会加重学校的压力，会使受创者得不到支持，加深创伤，并且还忽视了潜在的危机——创伤后遗症。

②什么时候发布消息？

尽快！

应尽快向学生说明有关事件，以减少学生之间散布谣言或胡乱猜测的机会。信息延迟可能让部分学生误会校方有事隐瞒，或对事件冷漠，加剧负面影响。

③以什么形式发布消息？

全校集会！

校长以全校集会的形式向学生统一发布有关消息，其他人员不要对外发言，以免众说纷纭，招致不必要的误会或是二度伤害。

④宣布的内容是详是简？

简明！

以自杀为例，舆论导向对自杀率具有巨大的影响。张国荣跳楼后的9个小时内，香港有6个人以相同的方式自杀，5人丧命。日本红极一时的青年歌手冈田有希子在1985年跳楼自杀后，仅日本电视台报道这一事件的节目就达23个，两周后，就出现了500多个青年自杀的浪潮，日本人惊呼此为

"有希子症候群"。由此可见，消极的渲染性的报道和传播往往会起到鼓励自杀的作用。

所以，宣布的内容应尽量简单直接，避免描述具体细节，以免产生不必要的恐惧或模仿行为。对这个问题文过饰非、闪烁其词或置若罔闻，都只会加深学生的怀疑与不安。此外，还须简单解释校方正进行及准备进行的工作，陈述简短的悼词，但要避免把当事人或事件美化。

（2）事后干预——各班分别召开特殊班会

特殊班会要做的第一件事就是介绍校方已掌握的事实，澄清失实的报道，防止学生中产生各种各样的消极猜测，甚至轻信媒体的不实报道。当然，事件的交代仍然要遵守简明原则，不描述细节，不渲染，不美化情节。然后向学生解释事件已交由校方或相关部门调查，现阶段不适宜做出任何揣测。

这时学生可能会不断追问"为什么"、"是什么原因"。事实上，自杀一般不是由某个事件所引发，其实有复杂而深远的因素，外人不可能清楚内情。并且如果一个人选择结束自己的生命，其实他自己要负上很大的责任。所以要告诉学生不要找寻自伤自杀的原因。

鼓励学生表达对事件的感受，让学生认识到震惊、伤心、内疚、愤怒等不安情绪是正常的反应。如果学生说不出口，可以让他们将感想写下来。无论学生当时表达出了什么样的情绪，都应接受，哪怕是些负面情绪，切忌否定学生表达出的情绪。

此时，班主任还要密切留意某些学生是否有明显忧郁、愤怒、自责或埋怨的情绪表现。因为此时此刻，班级学生的情绪极不稳定，很容易出现波动，甚至引发进一步的危机。

最后，要鼓励学生积极面对，例如说："这件事让人伤心难过，对我们是很大的一个打击，我们要勇敢接受事实，要有勇气面对人生的挑战。""有什么方法让我们面对这件事？""我们能够为死者的家人做些什么？"……

（3）个别辅导与跟进

对于特别受影响的班级，如自伤自杀者的同班同学，应由危机干预专业人士协同班主任开展特殊班会课。如果在班会辅导过程中察觉某些学生的困扰情况严重，或者情绪反应激烈，可转到专业心理医疗服务机构辅导。在其他班级中可能也有受影响较大、情绪反应比较激烈的学生，需要时将这些学生转入危机干预辅导老师处，安排个别辅导。

对于自杀者身边的人，此时可使用施奈德曼设计的一种通称为心理学尸检的技术。这种技术可以帮助幸存者悼念、理解并预防将来可能出现的自杀。不仅帮助幸存者理解为什么会发生自杀，也能帮助其减少内疚感以及对死者的责任感。

（4）媒体的应对

媒体消息灵通，一旦发生此类事件，反应迅速，立刻就会在校门外等待。此时，不能捂着不说，需要学校由校长作为发言人来统一发布消息，学校其他人员切勿对媒体详细描述细节。

保持与媒体的良好关系，协助媒体从教育角度报道事实真相。不能报道细节，并且不能美化、浪漫化、悲壮化，而应宣传这是不理智的行为，宣传自杀的痛苦及其后续结果。

（5）家长支援

当发生了严重的学生自伤自杀事件，校方应尽快发一封告家长书，告知家长这件事可能会引起孩子的猜测及不安，希望各位家长能够理解，更盼望家长能密切配合，留意子女的情绪变化，多与子女沟通，积极聆听及鼓励他们说出自己的感受。

总之，面对未成年人压力越来越大，漠视生命和轻生念头越来越多的现状，学校的每一分子都应该时刻提高警惕。预防自伤自杀最有效的工具是宣传教育，在日常教学中渗透危机干预知识，并建立起危机干预紧急预案。一旦出现自伤自杀事件，至少还有我们可以妥善地做好善后工作：各部门协调合作，有组织、有计划、有条不紊地把伤害与后续影响控制到最低程度，从而转化自伤自杀事件的消极结果，让这类事件成为生命教育的契机，帮助更多的学生树立起健康的生命观，珍爱自己与他人的生命。

（上海交通大学附属第二中学　李佳慧）

2. 危机中的教师需自我调适

（1）是什么让老师工作时如履薄冰

站在教学楼的走廊上，看看在明媚阳光下怒放的迎春花，再回头看看教室里一张张由稚气转为成熟的脸庞，回想近三年来一起走过的快乐时光，心里浮起的感受除了温暖，还有庆幸。

我庆幸，初一到初三这一千多个日日夜夜，都过得太平安然；我祈祷，余下的七十几天里，我也能过得太平安然；我甚至希望，接下来的教学生涯中，不要再让我当班主任了，哪怕我发自内心地喜欢以班主任的角色和孩子们待在一起，分享他们的喜怒哀乐，陪伴他们成长。

若说仅是工作时间长，工作负担重，工作压力大，哪个行业没有？民工更辛苦，矿工更危险……教师，作为安身立命的职业，选择了，就没有什么好抱怨的了。

但总有那么些事，会让你始料未及，受尽委屈又有口难言；让你如履薄冰，战战兢兢，又无可奈何。

我想我这一生，都将铭记这两件事。

2005 年，我大学毕业，带着美好的憧憬开始了我的教学生涯。

2006 年，任初二年级班主任的时候，班里来了一个插班生。因为父母对孩子的成绩不满意，望子成龙，加上有点权势吧，把孩子从初三留级到我所在的班级，希望他能有所改观，考上高中。那男生英俊帅气，聪颖顽皮（后来意识到是顽劣）。刚来班级的时候，他还挺好的，后来，一些不好的习惯渐渐地显露出来。例如，上课违纪以致老师无法正常上课；作业不交，旷课去网吧玩游戏甚至赌博等。作为班主任，从委婉暗示到语重心长，再到疾言厉色；从晓之以理、动之以情到恩威并施，种种方法我都用过了。

有一天，那个孩子又一次违纪。我清楚地记得我站在走廊上和他谈话，规劝他。他那一脸满不在乎的神情刺激得我当时问了他一句话："难道你就无药可救了吗？"

问题就出在这句话上。

第二天，那名男生没来上课，和他家长取得联系后，他家长也没放在心上，毕竟，他旷课也不是第一次了。

当天晚上，男生没回家。家长急了，打电话问我发生了什么事。我仔细回忆了和那名男生接触的细节，真的想不起来有什么事会让那名男生不来上课，难道就因为我批评他违纪了吗？我一五一十地将我和男生的对话陈述给家长听。

第二天一早，家长带着一拖拉机的人，到学校来要人了。

仍清楚地记得，那黑压压的一群人是如何气势汹汹地涌进校门的。

仍清楚地记得，那无数一开一合的嘴是如何把平静的校园搅得沸反盈天的。

仍清楚地记得，那涨红扭曲了的脸是怎样质问我的："你说我儿子无药可救了，你不是诅咒我儿子死吗？我儿子自杀了，你赔得起吗？"

一幕一幕，仍历历在目。

校长和政教主任保护着我，让我到楼上去。他们在楼下吵闹着，推搡着，我在楼上担心着，哭泣着。我实在不知道自己有什么地方做错了，居然会发生这样的事儿。

那个失踪的男生音讯全无。他的家长和学校师生都尽全力寻找，但一无所获。到了第三天，聚到学校闹事的家族成员更多了，事情愈演愈烈，家长的情绪也越来越激动，口口声声指责我逼死了他儿子，学校要负责任。就在我绝望地认为我死定了的时候，一个学生告诉我，那个失踪了的男生躲在一个已经辍学了的初三学生家里通宵搓麻将。

事情至此，真相了然。我那颗悬着的心终于放下。那顽劣的男生并没有因为我的批评而想不开自杀，只是和他原来的同学一起聚赌。那个村子也确实是赌博风气盛行。

三天来的提心吊胆、寝食难安，终于画上了句号，聚在校门口的家族成员也一哄而散，而我的心里却留下了一道深深的伤痕。

长久以来，我一直找不到答案：作为有责任心的班主任，对学生的违纪要如何艺术地处理，才能既保全自身又有所教益？

2008年，接手初一新生。班内有一女生，聪慧开朗。但自从她妈妈生了妹妹后，有明显的失落感，时时在随笔中流露出对"失宠"的不满。

在我们看来也正常吧？妹妹那么小，自然应该得到父母更多的关爱。但在这个15岁的女生看来，父母的爱一下子倾斜到妹妹身上，难以接受，因此很多原本正常的批评，也就变得刺耳了。那女生时时在随笔中诉说父母对妹妹的"偏爱"，对妹妹的"偏心"，我也只好时时地开导她，教育她学会迁就妹妹，理解妈妈。

升到初二，有一天早上，那名女生没来上课。我打电话问她家长，她家长说："不知道啊，很早就出去上学了。"

结果当天下午，我接到电话说那女生服药自杀了，正在医院抢救。

这个消息如同霹雳让我震惊，怎么会？她好好的，怎么会自杀！

我和校长一起赶到医院时，女生仍在抢救。

我们问家长发生什么事了，家长说："不知道，可能是前几天数学竞赛班没考上，心理压力太大就想不通了吧。"

这一句话把一顶沉甸甸的帽子扣在了我们老师的头上，顿时，我们都沉默了。我们都在祈祷，女生千万不要有事，否则这样的责任我们怎么承担得起？

守在那个昏迷的女生床头，我心想，如果她活不过来，我也不活了。我本来不想死的，可是，我拿什么来承担这样的责任？我又有何颜面去面对她家长悲痛欲绝的脸？我一万个不明白，女生为什么会自杀，难道真如家长所说，因为数学竞赛班没考上，这样的小挫折就足以让这名女生走上绝路了吗？那平时那么多随笔本中和她的交流，那么多站在走廊上对她的鼓励，那些课堂上用心良苦的生命教育，都是徒劳无效的吗？我心里乱极了，也怕极了。

昏迷了一天的女生终于慢慢地醒了，微睁的眼睛一看到我，就泪如泉涌，断断续续地说："老师，对不起，给你添麻烦了……"

顾不得她体虚，我问她为什么要做傻事，女生慢慢地说出了事情的原委。那天晚上，晚自修后回家，她放下书包，就去拿了一包妹妹的零食，打开电视机，坐在那里看电视。妈妈批评她说："一天到晚只知道吃，只知道看电视，你也不看看邻居的某某，一回家就钻到房间里看书写作业……"女生一赌气关了电视，回房间去了。当晚她越想越觉得父母自从有了妹妹之后，对自己越来越不好了，还时时地拿自己和邻居的某某比，做人真没意思，就想不通去自杀了。

听完她的话，我顿时泪如雨下，为她做出这样的傻事不值，也为自己终于因女生说出了真相，能在这美好的人世间平静安然地活下去而感到庆幸。

是的，这名女生抢救回来了，说出了真相，还了我清白。家长自然是后悔不迭地向我道歉。

但是假若万一，那女生没能醒过来说出真相，那我……就算不被家长打击报复，也会一辈子生活在歉疚和不安中，惶惶不可终日。

从教几年，亲身经历过的这两件事，让我心有余悸。我每每听说哪里有学生出走了、失踪了、自杀了，心里浮起的念头便是这个学生的班主任惨了，校长惨了，学校惨了。无论事情的缘由是什么，真相如何，一向不惮以最大的恶意来揣测教师的闲人自然会用主观的臆想来谴责班主任、任课老师或学校。

我希望稍有理智的人们，在面对一些不明真相的事情的时候，不要想当然地揣测孰是孰非，不要自以为是地判断谁对谁错。

请多给我们这些工作在一线的基层教师一些理解，让我们在如履薄冰地工作的同时，不再蒙受一些不白之冤，我们真的没有精力也没有能力招架。

幼吾幼，以及人之幼。谁不愿意待学生亲如家人？是什么将教师"神化"、"万能化"，继而又"妖魔化"？又是什么让老师由满腔热忱地工作，到如履薄冰地明哲保身？

当事业心止步于安全第一，当责任心退位给自保意识，当我们不能理直气壮地对由社会渗透进校园的不良风气说"不"的时候，我们又拿什么来教育我们的学生，拿什么来托起国家的明天？

（摘自新浪教育论坛，佚名）

（2）危机中教师应如何自我调适

近年来，青少年校园轻生事件时有发生，一线教师尤其是班主任面临巨大的心理冲击，事件本身的刺激及来自方方面面的压力给相关教师带来了不同程度的心理创伤。根据个体人格强度及健康水平，教师个体对危机事件的反应大致分为以下三种情况：成功应对，获得经验，发展壮大自我；度过危机，但留下负面的记忆和体验；心理崩溃，应对失败，需要即时的强有力的帮助。

本文着重谈谈出现后两种情况时，教师该如何应对。

危机事件发生后，相关教师都会出现一些不同程度的身心反应，如失眠、焦虑、恐惧、惊跳、负罪感、烦躁、易怒，对工作和生活失去热情、抑郁等。如果还没有到心理危机的程度，日常工作、生活还能正常进行，教师可以从以下两方面做一些调整。

①调整认知，消除不必要的自责与内疚感。

心理学理论认为，一个人的核心人格形成于3岁以前，是在与父母尤其是母亲（或主要的抚育者）的交流互动中形成的。实证研究显示，自杀学生一般都有不良人格作基础，大多都来自问题家庭。家长们将自己过多的焦虑与压力转嫁给孩子，批评、指责甚至辱骂、殴打孩子。孩子感觉不到父母的爱，只有对父母的恨和对自己的不接纳。当孩子的心理承受力达到饱和，再遇到一点点挫折都可能导致心理崩溃，从而选择极端的方式——自杀来结束自己的生命。深度心理学认为，孩子自杀是对父母的报复。

有了以上的认识，教师就不必过多去承受本不属于自己的责任，自责与内疚感就可以不再纠缠我们。

②积极开展有效的行为应对。

与他人交谈对危机事件的感受。

和他人共处。

写日记。

安抚宽慰自己的自我对话。

充足的休息。

休假。

吃健康的食物。

投入分散精力的活动，如体育运动、阅读。

专注于某件能令自己立即采取行动的事情。

计划令人愉悦的活动。

参加社会援助团体。

采用任何一种以前经验中有效的改善情绪的方式。

以上谈到的是心理创伤不太严重，通过自身调整就可以安全度过危机的情况，而对于处在心理危机状态中的教师，他们已经无法正常开展日常的教育教学工作，个人的生活、家庭也受到极大影响。针对这一情况，对与事件相关的教师进行心理危机干预十分必要。然而对那些因条件所限，心理危机干预工作无法及时开展的学校，教师心理危机的自我处理就显得十分重要了。下面介绍一种心理危机的自我处理技术——保险箱技术。

保险箱技术是一种很容易学会的负面情绪处理技术，是靠想象来完成的。它早先被设计为严重的心理创伤的掌控技术，可以用来有意识地对心理创伤进行排挤，从而使自己在比较短的时间内，从压抑的念头中解放出来。它通过对心理上的创伤性材料"打包封存"，来实现个体正常心理功能恢复的效用。

教师可以找亲人或信任的同事、朋友来配合完成此技术，具体如下。

可通过深呼吸、渐进式放松技术（从头到脚或从脚到头逐步放松）引导教师放松，进入类似浅催眠状态。在闭眼的情况下要求教师让可怕的画面再次浮现，要求他们在这个可怕的画面上加一个框，在确认能做到的情况下，示意他们在脑海里将这幅画逐渐缩小到原来的一半、四分之一，最后那个画面缩成了一张扑克牌，扑克牌上面的画面已不清楚了，对他们的影响也减小到可以接受的程度了。

接下来进行以下的语言引导：

"将这张扑克牌包装起来，用一张纸或一块布料，哪一种让你感觉更舒服？"

"厚一些或薄一些，哪一种使你更舒服？"

"什么颜色让你感觉更舒服？"

"找一个安全的盒子，把这个包裹放进去。选择让你感到更舒服的盒子。"

"现在请想象在你面前有一个保险箱。"

"它有多大（多高、多宽、多厚)？"

"它是用什么材料做的？"

"它是什么颜色的（外面的、里面的)？"

"它的内部结构是怎样的？"

"仔细观察这个保险箱的细节：箱门容不容易打开？开关箱门的时候有没有声音？"

"如果关保险箱门的话，是如何操作的？有没有钥匙？如果有钥匙的话，钥匙是怎样的？如果不是用钥匙的话，锁是怎样的？是密码的吗？按键的还是转盘的？甚至是遥控的，或者是用计算机操控的？"

"当你看着这个保险箱，并试着关一关，你觉得它是否绝对牢固？如果不是，请你试着把它改装、加固到你觉得百分之百牢固。"

"现在请把刚才那个安全盒子放进这个保险箱，关上保险箱，上锁或设置好密码。"

"把这个保险箱往左边推，推往你的左眼角刚好看到的位置，然后把它推远。"（若教师是惯用左手的，则把保险箱推往右边）

"现在看着你的前面，面对着需要做的种种事情。在你的左（右）眼角，你能够看到那个保险箱，钥匙和密码只有你知道，里面有一个安全的盒子，里面有用纸（或布）包好的那张扑克牌。这张扑克牌上面的画面很重要，在适当的时候你会处理它，但是现在还不是适当的时候，你将它安全地放在那个保险箱里，受到保护，不会丢失，同时又让你做你前面该做的事，而不受到它的干扰。"

值得说明的是，保险箱技术只是一种临时处理心理危机的技术。它可以帮助我们收纳自己的压力或负面情绪等自己暂时不愿意面对和接触的东西，让我们在面临巨大压力而难以承受时，帮助我们暂时封闭压力源。但如果想要彻底解决心理危机事件带给我们的心理创伤，还需要在我们状态比较好的时候，来重新面对和处理这些封存的情绪和记忆，必要时也可借助专业人士帮助我们处理。

（湖北省武汉市江岸区育才第二小学　张　帆）

第三节 由学生的心理疾病引发的自伤自杀

如果学生患有经专业诊断为抑郁症、强迫症等严重的心理类疾病，就应该及早送至专业心理机构，老师配合医生对学生进行治疗。对待这种情况，我们老师能做的确实不多，但不是什么都做不了。

一、可能导致自伤自杀的心理疾病

（一）抑郁症的低龄化倾向

抑郁症面临的最严重的危害就是自杀。据统计，抑郁症的自杀率为15%，而出现自杀想法及自杀行为患者的自杀率，高达百分之六七十。抑郁症患者自杀的危险性是普通人的30倍。另外，寒冷季节易发抑郁症，且女性患抑郁症几率更大。

专家指出，许多轻生的青少年其实都患了抑郁症，这一个事实常被忽略。最先被留意到的，可能是一些行为的转变。例如，成绩明显退步，在课堂做白日梦和成为班里的笑柄等。此外，抑郁令他们变得非常沉默和远离他人，暴躁的情绪使他们极具侵略性和好勇斗狠，或者是伤害自己，在身上留下各种伤疤，甚至与老师和学校对着干，像是放弃了自己，不顾一切。

是什么因素诱发学生出现抑郁的表现呢？学生按照年龄可划分为三个阶段：儿童期（6~12岁），在学校和同学交往中受到某些小挫折和委屈、听见父母吵架、亲子关系冷淡等；少年期（12～16岁），自尊心受挫、家庭教育方式不良、父母离异、痴迷上网等；青春期（16～23岁），高度紧张的学习气氛、升学压力、睡眠不足、单调枯燥的生活方式等。

青少年抑郁症与成年人抑郁是有区别的。首先，青少年抑郁症的自身原因会更加突出，与社会心理因素的关系没有成年人那么密切。其次，青少年抑郁的行为性会更明显。青少年心理还不成熟，因此，青少年抑郁症的心理体验会比较少，更多地表现为行为的变化。通常表现为容易激惹、发脾气，而不像成年人表现为悲伤、郁闷。再次，青少年抑郁症的触动性强，相比成年人，自伤自杀风险更大。尤其是青少年自杀会表现出不同的形式，一些人会有自杀的假象（准自杀），其实他们并不是真的想死，但是却因为冲动而真的死了。所以，一旦老师和家长发现学生有青少年抑郁症的症状表现，应尽早带学生去专业的心理机构进行治疗。

（二）强迫症也是生命的杀手

强迫症也能让人走上自杀轻生之路，这可能出乎人们的意料。在很多人的观念中，抑郁症严重者才会产生轻生的念头。但实际上专家提示说，身患强迫症的患者也可能出现自杀想法。因为强迫与抑郁为常见的共存症状。

2009年，留学荷兰的20岁女生小远因受强迫症困扰，厌世自杀。她曾是南京航空航天大学一年级学生，2008年9月到荷兰留学，最后在自己的宿舍内烧炭自尽。小远在遗书中表示，自己受强迫症困扰已达8年，早有结束生命的想法，希望母亲能"好好研究一下强迫症这类心理疾病"。小远出生在知识分子家庭，性格开朗，成绩优异。到荷兰后，她曾写信说很喜欢就读的学校。悲伤的母亲说，也许女儿要强，追求完美，在国内一直是尖子，但出国后发现自己不再拔尖，无法排解而走上了绝路。

临床研究表明，强迫症最常见的并发症便是焦虑、抑郁。相关专家在分析了7个国家的社区调查资料后发现，强迫症患者具有显著的共患终身抑郁的危险，其比例在12.4%～60.3%。也就是说，强迫症状严重会引发抑郁，而在强迫与抑郁的双重压迫下，患者容易走上自杀之路。

所以，强迫症也应该引起老师和家长们的重视。

二、运用心理技术干预自伤自杀

［案例］ 两个"优秀"的问题生

2010 年 8 月，我接手了一个文科重点班，遇到了两个成绩优秀，但心理出现问题的学生，她们都患上了比较严重的抑郁症。

阿红的故事

阿红是个个性鲜明的学生，一方面开朗热情，能力出众，但另一方面非常敏感、自我、易冲动。高一时由于成绩好，能力强，被班主任任命为班长。年轻的班主任对她寄予了很高的期望，一旦工作没到位就严厉批评，老师的高标准、严要求，让不善于化解压力的阿红备感压抑。一次，因为觉得老师颁布的一项措施太严厉，她代表同学向老师提意见，又与老师发生了激烈的争执。争执之下，阿红越来越激动，转身就走了。也许别的学生顶多是不太开心罢了，但情绪冲动的阿红却一气跑上了教学楼的顶楼想以死明志，后来还是校领导出面才制止了事态的进一步恶化。

这件事成了阿红心里一个挥之不去的巨大阴影，对于自尊心极强、非常要面子的她来说简直是奇耻大辱。不久后她就出现了严重的失眠，情绪经常大起大落。原本开朗热情的她变得郁郁寡欢，心事重重，也不怎么愿意接近老师了。

了解到这一情况，我想首先要做的是获得她的信任。在新班组建班委时，我邀请她加入，但她态度坚决地拒绝了。我没有勉强，只是告诉她我知道她能力强，经验丰富，希望以后多为新班献计献策。她很爽快地答应了。之后我以静制动，慢慢等待时机。而阿红也一直在试探我，想知道我是否知道她高一的那件事情。我假装一无所知。慢慢地，阿红开始愿意接近我，一次她问我为什么对学生那么好，我知道时机来了，告诉她那是因为我中学时曾经是一个非常叛逆的学生，经常和老师作对，幸亏老师宽容，才有了今天的自己，所以发誓自己要做个和老师一样有爱心的人。这次谈话使得我们之间的关系进了一步，终于有一天她来找我，说想和我谈心。我成功地打开了她的心扉。

可几次谈心后，她并没有谈到高一那次让她痛彻心扉的经历。她先是诉说感情方面的困扰，说有个她不喜欢的男生一直骚扰她，以我对她的了解，她完全有能力解决这个问题。后来又说学习压力大，想转学到一所普通中学去，但她的成绩并没有出现什么大的问题。我感觉这都不是困扰她的真正原因，她的内心好像被一种巨大的痛苦所折磨。而且在诉说的过程中她经常情绪失控，超出了正常人应有的反应。我咨询了心理老师，心理老师说估计她有心理阴影，对她进行了几次心理干预后，发现她有比较严重的抑郁倾向。心理老师建议由专业的心理医生介入。经专业医生诊断，她是中度抑郁，必须借助药物治疗。这个诊断结果让她背上了沉重的心理包袱，一度消极悲观，觉得自己不再是个正常的人。

阿红给我带来了一个全新的挑战——如何帮助抑郁症学生。在此之前，我对这个病症基本上是一无所知。我开始恶补抑郁症方面的知识，并在心理老师的指导下对她进行心理疏导。我告诉她抑郁症实际上是一种现代人的情绪病，很多名人都曾经得过抑郁症，但这并没影响他们取得卓越的成就。

几个月的相处，让我对这个处于痛苦中的学生产生了深深的同情。一天，当她又一次陷入痛苦中不能自拔时，看着饱受折磨的她，我不由得流下了眼泪。我拉着她的手告诉她："有的人生来就是不完美的，要经受很多磨砺，这是上帝赐予他的一份特殊礼物。只要跨越了这个磨难，他就会像浴火重生的火凤凰，拥有别人所无法拥有的智慧和力量。以我对你的了解，你一定会跨越的，我会陪着你走过这段最艰难的时光。"也许是被我这番真情打动，阿红与我的手紧紧地拉在了一起。至此，师生的心才真正交融在一起。

　　听心理老师说，有心理疾病的人的病因大多与家庭环境有关。做好家长工作，家校联动，才能取得更好的效果。在与家长的沟通中，我得知阿红从小被寄养在奶奶家，一直到5岁才回到父母身边。她总觉得父母偏向弟弟妹妹，所以与父母、弟弟、妹妹感情一直不怎么融洽。我多次与她父母交流，要求他们对孩子出现的问题给予足够的重视，关注孩子情感方面的需求，把曾经缺失的亲情补回来。一直到她升入高三，我与她父母都保持着通畅的交流。

　　父母的关爱、老师和同学的帮助，让她深深感受到了真情可贵和人性的美好，慢慢地她从消极的情绪中走了出来，开始配合医生的治疗，状态一天天好了起来。但过了一段时间她却放弃了药物治疗，一方面她对心理医生每次只是开药而没有任何心理疏导的做法不满意，另一方面吃了治疗抑郁症的药物后虽然能勉强睡着，但经常头痛，无法集中精力学习，记忆力下降，副作用大，她怕影响学习。放弃了药物治疗的她只得再次面对困扰她很久的失眠问题。这时候，阿红身上爆发出令人惊叹的勇气和意志。她几乎尝试了所有治疗失眠的偏方，运动、暴走、中药、食疗等，而且坚持上课，学习成绩一直保持在年级前30名。我常常和她讲，即使作为一个成年人，能做到她这样的也不多。就这样她平稳地度过了高二整个学年。

　　抑郁症是一种容易反复发作的疾病，一旦外部压力增大，或者出现应激事件，都有可能导致复发。高三的学业日益繁重，连续几个月的高强度学习，使阿红的失眠症再次加剧，无法集中精力，情绪又开始出现波动。我与她父母沟通后达成共识，建议她在家晚修，下午状态特别不好时可以请假不上课。这样，在家里可以调养得更好些，对于舒缓她的压力也有好处。

　　2011年3月的一天，阿红向我请假，我以为她在家里自修。但过后她却来向我道歉，说她骗了我，那天她偷偷跑去了中山大学。徘徊在大学校园，她觉得自己想清了很多问题，高考只是人生一个必经的阶段，并不是成败的标志，应该放下包袱，轻装上阵，她有信心去面对越来越艰苦的学习生活。我告诉她，从那天容许她回家自修开始，我对她就选择了完全相信，我相信她是一个自律的人，有能力对自己负责。所以不用向我道歉，而是我要向她道贺，祝贺她驾驭自己生活的能力越来越强了。

果然，她高三后期的状态越来越好，几次大的模拟考成绩都不错，虽然偶有波动，但她已能平静对待。转眼到了4月，离高考还有两个月时，她高兴地告诉我，她奇迹般地能睡着了，困扰她两年之久的失眠症终于解决了！听到了这个消息，我内心久久不能平静！这是一个标志性的事件，标志她终于走出了心灵的桎梏，破茧化蝶了。

之后的一切理顺成章，她在高考中考出了学校文科总分第二的好成绩，被中山大学录取。

阿红的成功让我备感欣慰，欣慰的不仅是她学业上大有进步，更重要的是获得心灵的成长。上了大学后的阿红，恢复了往日的开朗热情，在大学校园里生活、学习得如鱼得水。

更重要的是她不再是那个敏感、自闭，觉得自己被整个世界抛弃的小女生了。她的内心变得越来越温暖，开始懂得回馈他人。在高三最忙碌的那段时间，她还帮助我辅导另一个患抑郁症的学生。她还辅导弟弟、妹妹学习，与父母的关系也有了极大的改善。

8月的一天，我与她在QQ上相遇，我告诉她其实我早就知道她高一的那件事情了。我问她是否已经释怀，她当时号啕大哭。第二天她留言给我，说她已经能放下和面对那件事情了，因为这成长的痛已经加倍得到了回报。后来，她专门去找了那位当初与她发生冲突的老师，在促膝长谈后真诚地向老师道了歉，解开了彼此的心结。至此，阿红心里最后一块坚冰也融化了，她真的长大了。

阿珍的故事

阿珍的出现很快就让我知道了心理疾病的复杂性和自身的局限性。

阿珍的性格有些孤僻，对成功与学业有些异乎寻常的执着。高二时的阿珍是同学和老师眼里真正的学习标兵，勤奋刻苦，成绩优异，排名一直在年级前10名左右。

但进入高三两个多月后，阿珍出状况了，在一个月内她三四次来找我调位，理由是同位太刻苦，和她在一起压力太大。先是不能同桌，后来又说不能同组，再到后来，甚至不能看到这个同学。一天，她竟然因为害怕这个同学从课堂里跑出来，这时我意识到了问题的严重性。找了心理老师紧急干预，发现她的情况已经比较严重，经过专业心理机构测试确诊为中度抑郁，需要进行药物治疗。

听到这个消息，我整个人都呆了，不知是我运气太差还是现在心理疾病患者真的是越来越多，我一个班竟然出现了两个抑郁症患者。虽然心情沉重，但还是配合医生对她进行心理疏导。

慢慢地我发现，阿红的经验根本无法复制到阿珍身上。阿红虽然容易发生情绪上的大起大落，但重感情，悟性好，改变自己的意愿特别强烈。但阿珍呢，除了对学习的执着外，没有什么热爱和喜欢的事物，感情冷漠，比较偏执，内心没有力量。每次与她谈心后，她的好状态最多能保持一个星期，接着就陷入谷底，任由自己沉沦。

阿珍巨大的压力究竟从何处来？一天，阿珍终于向我道出了事情的真相：阿珍从小就很崇拜爸爸，爸爸是在改革开放时期自己奋斗打拼出来的农民企业家，现在他们家已拥有了一定的资产。但爸爸重男轻女思想严重，一直为妈妈生了两个女孩儿，无人继承他的资产而耿耿于怀。在发病前不久，她从别人口中知道爸爸在外边找情人已经生了个男孩。妈妈是个家庭主妇，个性懦弱，面对这个情况束手无策。而她对爸爸非常愤怒却也无可奈何。所以她一定要好好学习，让爸爸知道女孩子不比男孩儿差。她将来要独身，一辈子都不结婚，绝不像妈妈那样。现在得了这个病，一切都完了。

了解到事情的真相，我十分震惊。我才明白阿珍对学习异常执着的原因。解铃还须系铃人，很显然，最能改变阿珍的是她的父亲。一次与她父亲通话时，他又一次对女儿压力大表示不解。我终于忍不住告诉他孩子已经知道了他的事情，希望他能处理好，尽量把对孩子的伤害降到最低，但他采取了回避的态度。我只能退而求其次，要求她父亲尽量多与她沟通交流。

　　其实，从症状上来说，阿珍并不比阿红严重，而且她一直在坚持药物治疗。就在状态已经稍稳定的情况下，她却决定放弃治疗了。她打算休学一年，等病好了再复读，这样才能实现她的理想，考入重点大学。但阿珍自律性差，母亲文化水平低，父亲工作又忙，她回到家里就等于完全封闭了自己，这样的环境对她的治疗是十分不利的。在我的一再挽留下，她暂时没有办理休学手续，打算休息一段时间后再回来。

　　为了防止阿珍完全自我封闭与放弃，我悄悄让几个与她要好的同学一直保持与她的联系。不久就有同学告诉我，她根本没有像自己先前所说的那样，休息调养身体，自主安排学习，而是通宵达旦地上网打游戏。她的父母也不敢说她，怕她不高兴走极端。她爸爸告诉我已经不指望她上大学了，只要不出事就好。我劝她身体稍好后还是回学校，但她却一拖再拖。转眼一个多月过去了，她请假的时间也早已到期了，按规定她再不来就要办休学手续了。而且再耽误下去，她回来也很难赶上学习进度了。我不由得有些着急，就用开玩笑的语气说："再不回来就不敢再叫你回来了。"本来是想用激将法，可没想到这句话掀起了轩然大波。她放下电话后，大哭大嚷，寻死觅活，说老师准备放弃她了。她的家长也颇有些埋怨我的意思。一时间真的让我很受伤。在心理老师的建议下，我没有再打电话"刺激"她，而是让阿红出面安慰她。

　　这次冲突让我认识到对待有心理疾病的学生，光有热情是远远不够的，科学的指导非常重要。以后每次和她交谈前我都会先征求心理老师的意见。又一个月过去了，在我已经对她回校不抱希望时，她说要回来了。坦率地说，这个时候我的心情非常忐忑，她已经在家待了两个多月了，来了后万一跟不上进度，会不会再次反复，甚至加剧她的心理问题？谁来保证她的人身安全？但现在的她就像是一个溺水的人，我不救她，谁救她呢？

　　她回来念书后，我的一个重要任务就是纠正她对成功和学业的偏执理解。记不得谈心了多少次，我告诉她，人生就好比登山，登上峰顶的同时千万不要忘记欣赏沿途的风景。成绩并不代表一切，心灵的成长更重要。

我随时关注她情绪的变化，一有问题立刻介入。

有几个和她关系较近的同学，我让她们经常拉她一起吃饭、聊天、玩耍，不让她总一个人待着。有什么不开心的，多多开解她，也可以告诉我，由我出面（当然，我并没有告诉学生她有抑郁症，只是说她身体不舒服，情绪有些低落）。

幸运的是，她回来后参加的第一次月考就考了年级50多名，我大大表扬了她一番，告诉她，她的基础非常扎实，完全有希望迎头赶上。就这样，考好了赞扬，考差了鼓励。一路跌跌撞撞中终于平安地迎来了高考。她虽然没有创造出阿红那样的奇迹，但仍以高于录取线30多分的成绩被一所本科院校录取，并选到了自己喜爱的日语专业。阿珍渡过了她人生中的一大难关。

从传统意义上说，对阿珍的教育也算是成功了，但我内心并不轻松。我很清楚，阿珍是靠外力的推动一步步走到现在的，要想成为一个内心强大的人，她还有很长的一段路要走。

想起阿珍，我内心没有阿红带给我的那份喜悦和欣慰感，相反常常感到痛心。可以说，一路走来，我对阿珍的付出远远超过了阿红，她一个人几乎耗去了我四分之一的精力。这个过程太艰辛，以至于我有一段时间都陷入焦虑。几个同学也在高三忙碌的学习中给予了她很多无私的帮助，但在阿珍眼中，我没有看到阿红那种发自内心的感激。这个内心缺少爱的滋养的孩子，她人格上的缺陷我无力改变。

2012年10月的一天，已经是大二学生的阿珍忽然在QQ上找我，问我要高三时一些励志的视频。我问她要这个干什么，她告诉我，这学期自己报考了三个证，学业负担又很重，她要激励一下自己。她说，她不能闲下来，否则她会很空虚……阿珍还是那个眼里只有成功的"空心人"，一旦她人生这个唯一的支点没有了，她怎么办？

站在这个角度看，我对阿珍的辅导其实是失败的。这让我陷入了深深的思考之中，心理教育的边界究竟在哪里？老师能够作为、可以作为的空间究竟有多大？从我自身来说，辅导阿珍的过程中时时感觉到心理知识方面的捉襟见肘，幸亏有心理老师的帮助，才没有犯大的错误。这让我对专业成长有了强烈的渴望，作为一个普通的一线教师，心理培训的系统训练全靠自学，而这样我辅导的专业性、科学性如何保证？

从学校来说，上级领导考核学校的指标主要是升学率和学生人身安全。而辅导有心理障碍的学生投入的时间和精力成本巨大，风险又高。尤其是抑郁症这样一种自杀风险很高的疾病，一旦出事，无论是老师还是学校，都无力承担可怕的后果，让他们回家是规避风险最好的选择。所以，像我这样让阿珍重新回来的做法，不仅是自找麻烦，也把学校带入了风险之中。这让我深深感受到了教育的不能承受之重。

阿红他们毕业后，新一届的重点班又有一个学生因为心理疾病休学了，后来他也没有参加高考。我们已经异化为竞技教育的体制正源源不断制造出一个个像阿珍这样眼里只有成功的"空心人"，面对这个巨大的体制弊端，我感觉到自己所有的努力是如此的微不足道……

（广东省佛山市第二中学　张　莉）

【评析】 携手穿越抑郁的迷雾

现代心理学理论认为，一切心理问题都是关系的问题。实证研究显示：在心理咨询与治疗的有效因素中，良好的咨访关系所占比例是40%。心理咨询中的关系效应同样适用于班主任对学生问题和问题学生的解决，营造一个信任、温暖、支持的人际氛围有时甚至会是解决问题的关键。张莉老师在对两名学生"阿红"和"阿珍"的心理辅导中，就很充分地使用了这个有效工具，取得了比较好的效果。

应该说，作为一名非心理学专业人士，张老师的一些做法还是比较专业的，下面我们来回顾一下。

1. 合理使用心理咨询的访谈技术

在阿红的案例中，张老师首先想到的是获得学生的信任。张老师开始并没有急于去找阿红谈心，而是耐心等待时机出现。当阿红问她为什么会对学生那么好的时候，张老师讲述了自己学生时代的经历，一下子拉近了与阿红的心理距离。这在心理咨询技术中叫做"自我表露技术"，合理使用对于增进咨访关系非常有效。

在阿红得知自己被诊断为抑郁症后，张老师告诉她："抑郁症实际上是一种现代人的情绪病，很多名人都曾经得过抑郁症，但这并没影响他们取得卓越的成就。"这在心理咨询技术中叫做"一般化技术"。一方面，可以有效缓解患者的焦虑情绪，提升患者恢复心理健康的信心；另一方面，也会让学生感觉到在老师的眼中，自己并非另类，并非病者，内心备觉温暖。教师的支持与鼓励无疑是无痕春风。

2. 营造温暖、支持的外部环境

在这两个案例中，张老师都与个案的家庭密切联系，以取得家庭的支持与配合。从心理学角度来看，这是很专业的做法。一个人的核心人格形成于早年与父母的关系，长大后出现心理问题，追根溯源会发现其实是家庭关系出了问题。因此，孩子出现了心理问题，父母能在这个时候多陪伴、多支持与关爱，给孩子营造一个温暖的家庭氛围，对孩子的疾病康复也是十分有利的。与此同时，学校里老师、同学的帮助，对两个个案当事人的心理康复也是十分必要的。

3. 抱持的态度促进人格发育

抱持是精神分析学派的一个术语。简单解释就是我充分相信你，放手让你去做，如果你搞不定，我就帮你。心理学认为，一个人如果早年被父母不恰当地对待，他的人格发育会停滞在一个不成熟的状态，长大后遇到心理刺激事件，他会用不成熟的应对方式来应对，导致出现心理疾病。张老师对两个个案的态度就是一种抱持的态度。她始终信任、支持与鼓励个案中的当事人，在她们需要帮助的时候，及时伸出援手，当事人在与张老师的互动中人格重新发育。

这里需要注意的是，抑郁症的治疗是十分复杂的，对专业要求很高，案例中张老师有几处做法有些风险。

（1）过多地投入

作为班主任，即使学习了相关的心理学知识，但对于抑郁这类心理问题，如果不是专业人士，投入大量的时间、过多的情感，对班主任本人的心理健康是十分不利的。张老师在帮助的过程中出现的紧张、焦虑情绪证明了这一点。教师自身的心理健康维护很重要，如果情感卷入太深，需及时找专业心理咨询师督导。

（2）冒险地尝试

在对阿珍的辅导过程中，让还处在康复期的阿红协助，这实在是有点冒险，要警惕：情绪是有传染性的！阿红在未与医生商讨的情况下，私自停止服药，张老师在得知这一情况后，应及时劝其坚持服药，否则极易导致症状复发。

面对患有心理疾病的学生，作为教师受专业局限，我们不能越俎代庖，但我们并非无事可做，及时发现学生的心理异常，为学生构建温暖、支持与关爱的外部环境，以及用自己的人格力量去温暖学生的心灵等，都是我们可以去做，也值得去做的事情。

（郑朝晖）

第四节　自伤自杀应对手册

这里我们从积极预防、临场应对、妥当善后三个方面整理出一些可行的措施。

一、积极预防

（一）及时发现自伤自杀的前期表征

性格变化。若一个平时热情开朗的学生突然变得沉默寡言，不愿意跟其他人交往，或者是一个平时冷漠不合群的人，突然变得敏感又热情，这些性格大变的现象都值得老师注意。前者可能遭受了重大打击，而后者可能是因为坚定了离开世界的想法而暂时变得豁达。

言语过激。作为班主任，要多关心班上学生的一言一行，他们言语中透露的信息往往很有用。一个学生思想上有不良倾向，他的言语也可能很偏激，在平时和其他同学交往的过程中时不时会有惊人之语，经常讨论到自伤自杀等极端话题。对这样的学生老师要多多关注。

孤僻自闭。不合群的学生到了一定的程度，会害怕跟其他人交往，失去了与世界沟通的勇气，往往会更加自卑自闭，容易衍生悲观厌世等情绪，一旦无法排遣就容易出问题。

神情异常。这里可能有两种情况，一种是学生时常露出悲伤的神色，心情抑郁消沉，急需老师和同学们的关心和爱护；另一种是长期处于焦虑不安的情绪之中，整个人始终无法放松，表明他正在承受某种情感煎熬。

漠不关心。学生自以为对世界都看穿了、厌倦了，对所有事情都不放在心上，不愿意参加班级所有的活动，对任何事物都提不起兴趣，失去了生活的兴奋点，任其发展就危险了。

身体征兆。如果学生在精神上遭受过严重的折磨，通常会映射到身体状况上，可能伴随有失眠、体重下降、毫无食欲、面色苍白、精神萎靡等症状。

携带用具。有的学生一旦有了自伤自杀的想法，可能会随身携带刀具、铁片、碎玻璃、图钉、安眠药、农药这类物品，平时可能会露出马脚，老师一旦发现就要及时处理。

时常受伤。有一种流传很广的极端说法，说身体的痛苦可以释放压力，所以总有学生通过自伤寻求解脱。比较常见的是用小刀割伤手腕或者用烟头烫伤皮肤，他们可能会用衣服、围巾、手帕或其他饰物来遮掩。科学研究表明，自虐者更容易自杀，他们对身体痛苦的承受能力更强，对自杀的心理障碍更小，所以对待这类学生老师一定要长期跟踪观察。

行为可疑。如果一个人坚定了自杀的信念，他可能要做一些告别世界的准备，如收拾衣物、焚烧信件、将贵重的物品无理由地送给亲人或同学，无来由地向他人道谢或致歉；打电话问候朋友并告别、写遗书等。

值得注意的是，这些表征可大可小，老师们一定要根据自己的观察和思考判断学生问题的严重程度，不可矫枉过正，否则会得到反效果。

（二）自伤自杀的预防策略

问题是慢慢累积而成的，大多数选择自伤自杀的学生都不是一开始就坚定了这样的想法，他们必定经历了一个痛苦挣扎的过程，在此期间无意中或多或少地向外界发出过求救的信号。这是身边的人帮助其改正的最好时机，通过采取积极主动的措施，防微杜渐，可以遏止不少悲剧的发生。

老师可以按照普遍撒网和个别辅导两种方式对学生采取帮扶措施。

1. 针对全体学生

（1）普及生命教育

老师和学校均可以开展生命教育讲座，观看讲述生命历程的视频。还可以组织学生深入实践，到孤儿院、敬老院等福利机构做义工，让他们明白生命的可贵。同时要告诉家长，生命教育家庭尤其不可缺位。父母要从小培养孩子对生命、对生活的热爱，亲近自然、亲近小动物、关爱他人，多带他们去公园游玩等，让他们享受生命中的闲暇时光及社会交往的乐趣。同时，对孩子进行"孝"的教育、感恩教育等，提升其对生命的道德体验。

（2）引导学生正确发泄不良情绪

有些学生背负了很大的压力，面临的情况比较复杂，比如，身体有疾病、成绩不好、交际有困难、感情受挫、和亲人有矛盾等，都可能导致他们产生愤懑、沮丧、失望、悲伤、恼怒、压抑等情绪。这些情绪如果不能通过正确的途径及时释放出来，累积下来就危险了。班主任要注意教给学生正确发泄不良情绪的方法，通过主题活动、小组交谈等方式引导教育。

（3）配合心理老师测评并建立学生心理档案

一般来说，学校都会定期组织心理老师对学生进行心理测评，这是了解班上学生心理状态的好机会。班主任可以配合心理老师建立学生的心理档案，了解影响学生心理发展的基本资料，掌握学生心理的典型特点，并留心个别不良心理倾向明显的学生，以便进行有针对性的个别辅导工作。

（4）丰富自己关于抑郁症、自我伤害、自杀的相关知识

如果老师对这些问题有比较深入的认识，他就能发现处于困难与危机中的学生，并能适时地提供协助。除此之外，也可以避免在危机时刻，做出错误的判断（例如忽略学生的危机）。老师在丰富自己知识的同时，还要把知识传递给学生。可以组织学生参与相关的主题活动，借助相关的书籍和网络资料等向学生普及这方面的知识，使学生树立正确的生命观。

2. 针对有自伤自杀倾向的学生

（1）做一个善于倾听的人

为人师者，首先要有一颗敏感的心，发现这类学生的问题，然后找个恰当的不被人打扰的时机跟他谈谈心，注意倾听他们的心声。要让他们愿意对你敞开心扉，讲讲自己的痛苦。这些痛苦可能已经在他们心中埋藏很久，所以你一定要有耐心听；可能他们之前尝试过告诉别人，但没有人注意到并愿意聆听。不少自杀青少年的父母，事后都悲痛地承认"不了解自己的孩子"。

（2）要了解这类问题生最需要的是什么

每一个有自伤自杀倾向的人都是矛盾的，情绪很不稳定，一方面他想寻求解脱，一方面他又直觉这样做是不对的，毕竟生命是宝贵的。你应该做的事情是帮助他把前一种念头减少，把后一种念头加强。科学家经研究发现，青少年自杀前都以各种方式向身边的人说过自己的想法，其实他们往往并不想死，有的是在困境面前手足无措，有的只是希望改变目前的生活状态，有的想通过自杀彰显自我的独立存在。掌握了这些情况，预防措施才能做到有针对性。

（3）帮助他们进入感兴趣或擅长的领域

自伤自杀者对成功和快乐的渴望其实比一般人更强烈，只是他们把自己逼到了一个阴暗的角落里。转移他们的注意力是一个非常有效的处理办法，如果帮助他们找到感兴趣的事情做，或者发掘了他们的一技之长，鼓励他们，赞扬他们，在他们体会到了前所未有的喜悦和满足感之后，就有可能成功地让他们从阴暗的角落里走出来。

（4）引导学生及时进行心理治疗

学生的心理问题发展到一定程度时，需要向心理工作者等专业人士寻求帮助。以自杀为例，其心理发生过程分为四个阶段：第一是诱因的形成，各种挫折都可能导致问题产生；第二是心理矛盾冲突阶段，求生的本能与求死的想法相互争斗；第三是自杀者平静阶段，这时的自杀者已经从困扰中解脱，比较平静，自杀态度已经坚定；第四是自杀实施阶段。前三个阶段都可以配合专业心理辅导人员一起对其实施挽救。

（5）对特定学生成立学生监护小组

班主任和老师不可能时时刻刻盯着问题学生，可以挑选几个责任心强、热心助人的班干部和同学成立不少于三人的监护小组，及时了解该生的心理与行为状况，并定期向班主任汇报。这里要注意的是，必须与家长事先做好沟通，征得同意，同时要尽量不要引起该生的反感。

对有自伤自杀倾向的学生来说，老师一个无意的举动或者一句无意的赞扬，都可能给他们带来点点阳光，成为一个转变的契机。老师是校园学生自杀防治中最重要的角色，所以一定要形成共识——自伤自杀是可以预防的。

另外，建立处置学生自伤自杀行为的预案程序和负责小组非常重要，一旦学生有异常情况发生，老师就可以按照预案程序有条不紊地展开工作，而且负责人员可以各司其职，齐心协力地共同处理。这样做还可以明确学校、老师、家长等各方的责任，避免纠纷。当然，预防青少年自伤自杀不仅仅是学校的事情，它已经成为社会共同的责任，学校要联合家长、社区、社会相关机构等，形成一个全面监控的网络体系。

（湖北省恩施市实验小学　向　莉）

二、临场应对

（一）自伤自杀事件的应急预案

第一，学生发生自杀、自伤、自虐事件，现场的知情人员应尽自己所能立即实施救治（情况严重时应拨打 110 或 120），同时及时将情况报告班主任。

第二，班主任获悉情况后，应立即向学校相关负责人报告，负责人再向学校领导报告，启动学校的应急处理程序。

第三，班主任要在第一时间赶到现场，如果自伤自杀者尚未实施行动，应及时劝服阻止，说话和行为注意讲究方式方法，以免给当事人造成心理压力，采取过激行动。如果现场学生自伤、自杀事件已经发生，应组织人员及时将伤员送至院医务室或邻近医院。在现场，班主任还要协助学校治安人员维持秩序，以免因恐慌造成误伤。

第四，学校应急小组应速将现场情况了解清楚，报告学校领导，并根据工作进展情况及时作后续汇报。

第五，班主任要及时通知学生家长，做好学生家长的接待和安抚工作。

第六，学校应急小组要立即组织有关职能部门开展调查，必要时配合公安机关做好案件的侦查工作。

第七，班主任要协助学校应急小组及时查清学生自伤自杀的原因和动机，并商量应对策略，为接下来的善后工作做好全面准备。

（二）应对自杀未遂的注意事项

学生自杀未遂是自杀处理中最危险也最需要立即处理的。调查显示约有25%～50%的自杀身亡者过去曾有过自杀未遂的记录，可见自杀未遂的确是相当危险的行为。教师若是得知有学生采取自杀的行动，千万不可轻视或是延迟处理。

第一，立即联系校内相关人员共同应对。如果学生已受伤，应立即联系校医院或卫生处协助就医。若是学生并没有受伤，要联系学校心理咨询中心，以便让校内其他同事与你一同处理这个危机事件。无论自杀未遂是否造成身体上的伤害，老师都不要试图单独处理，应联系校内其他人员共同应对。

第二，留在学生身旁，不可让他落单。在联系相关人员之后，老师应留在学生身旁，设法安抚他的情绪。在此时不要指责他的自杀行为，可以先了解他发生了什么事，对他的痛苦情绪表示理解，并表达关怀与支持。

第三，协助企图自杀的学生就医并通知家长。企图自杀之后的 72 小时内，当事人会有采取更致命手段自杀的可能性。因此为了预防学生采取进一步的自杀行动，让学生就医是保护学生的方法（就算学生没有受伤，也可以因为自杀倾向而就医），同时联系家长。若是学生坚持不就医，可请家长暂时带学生回家，以便能有人 24 小时看护他。若是要联系家长带回，老师要与学校心理咨询中心联系，由老师、心理老师与家长一起进行面谈，要确保家长知道保护孩子的重要性（如不要使孩子落单，不要增加孩子情绪的压力等），以免因为家长轻视此事而发生不幸。

三、妥当善后

以下是针对留堂女生校舍坠亡的案例，用特别主题班会课的形式对班上学生进行的辅导。

特别主题班会课

［班会目的］
①澄清事实，避免谣言散播。
②降低事件可能带给学生的情绪困扰。
③识别有需要进一步支援及辅导的学生。
④转危险为机会，向学生进行生命教育，帮助学生树立积极人生观。

［班会内容］
①简单交代事件。交代校方已掌握的事实，澄清失实的报导。
②向学生解释事件已交由警方调查，现阶段不适宜做出任何揣测：不要找寻学生自杀的原因。自杀不是由单一事件所引发，背后有复杂

及长远的因素，外人不可能完全知晓。若一个人选择结束自己的生命，没有人需要为他的选择负上主要责任。

③鼓励学生表达对事件的感受。如果学生难以用语言表达，可以请他们将自己的想法写在纸上，要接受（切忌否定）所有同学表达出来的情绪，让学生认识到震惊、伤心、内疚、愤怒等不安情绪是正常的反应。

④观察学生是否有激烈的情绪反应。

a. 留意某些学生是否有过分忧郁、愤怒、自责或埋怨等情绪表现。

b. 留意死者的好朋友，兄弟姊妹或"敌人"对事件的反应和行为表现。

c. 留意有没有学生认同死者的自杀行为。

d. 需要时将一些有激烈情绪反应的学生转交给辅导老师。

⑤了解学生的支援系统，确保他们得到适当的支持，可以用以下问题了解学生的情况。

a. 你的家人是否知道这件事情？

b. 你有没有向他们倾诉？

c. 当你情绪不安的时候，你会怎样做？

d. 如果你有持续不安的情绪，你会找谁倾诉？如何寻求协助？

e. 告诉学生你乐意帮助他们。

⑥鼓励学生积极面对。

例如说：

a. 这件使人感到很难过，对学校和同学都是一个打击。我们要接受事实，要有勇气面对人生的挑战。

b. 你有什么提议，让我们积极面对？

c. 我们可以为死者的家人做些什么？

d. 你可以做些什么以表达你对这位同学的心意？

⑦注意学生可能出现的以下情绪反应。

对死亡的困惑

a. 她是怎样死的？（避免学生讨论自杀的方法和详情，以免学生模仿。）

b. 她为什么会自杀？（否定自杀的行为，强调每一个人都需要为自己的选择负责。）

c. 死了以后会怎样？去了哪里？她会回来学校吗？（人死了便不能在这世界再活一次，要珍惜生命。）

不相信、困惑、混乱

a. 真的想不到她会这么做！（认同事情的确难以置信，需要时间去接受事实。）

b. 是不是弄错了？不会是她吧？（指出同学会有复杂的感受，觉得混乱甚至不知所措都是正常的反应。）

悲 伤

a. 指出伤心是正常的感觉。（容许学生表达悲伤，无须阻止哭泣，千万不要说：男孩子不要哭！）

b. 要留意学生是否感怀身世。（留意学生有否过度悲伤，要进一步的支援及辅导。）

愤 怒

a. 一定是某老师把她逼死的！

b. 一定是她父母没有好好地待她！

c. 一定是某某同学冤枉她！

d. 无须要争执谁要负责任。

（指出自杀是一个人的错误决定，没有人需要为此负主要责任。）

内 疚

a. 如果我早一点儿知道她不快乐，我就……

b. 我真的不应该常常取笑她！

（指出面对这类事件的一些死者好友和同学，觉得自己做得不足或不好，觉得自己要负责任，是常见的也是正常的情绪反应。欣赏他们对死者的关怀。指出我们遇到了困难，要积极面对，需要时一定要找老师帮忙，自杀是不理智的行为。）

害　怕

a. 怕鬼，怕类似的事情会发生在自己的身上。（指出害怕、惊慌都是正常的反应。）

b. 学生可能难以集中精神，或会失眠、做噩梦。（请学生一同想出缓解的方法。如果这些情绪严重影响日常生活，则须向老师求助。）

没有特别的反应

我不认识她，这个事情与我无关！

（理解部分学生可能暂时未能对突如其来的事件有所反应，也可能由于不认识死者，所以没有很大的反应。不要误会学生无动于衷或欠缺同情心。告诉学生有些反应可能会稍后出现，需要时可向老师求助。）

表现不尊重

嬉笑、不认真、表现不耐烦。

（理解部分学生可能未能接受事实；或不懂得认真处理感受或面对内心的困惑；或不自觉地用这些方法掩饰害怕的情绪。不要纠缠于这些学生的表现，应将注意力转移到其他学生身上。不应容忍过分的行为，例如侮辱死者。）

［处理学生情绪反应的原则］

①聆听。老师需要聆听学生的感受，让他们有机会表达自己的情绪。

②理解。理解学生对于不寻常的事故感到震惊、伤心、内疚、愤怒或哀伤都是正常的反应。

③提醒。人死了便不能在这世界上再活一次，也不能与自己心爱的人和物在一起，所以要珍惜生命；每一个人都需要为自己的选择负责。

［班会课注意事项］

①对于特别受困扰的班级，如自杀者的同班同学，适宜辅导人员联同班主任一起组织班会课。

②有需要时可考虑把学生分成小组进行辅导，由辅导人员主持。

③如果在过程中察觉某些学生的困扰情况严重，除了及时安排辅导人员协助外，可转介给一些合适及长期的专业辅导老师或心理医疗机构。

［课后老师的回应和检讨］

特别主题班会课：老师回应表

班级：_____

班主任：_____

请填写后提交至_____

1. 学生在班会课上有没有出现情绪波动或其他异样？

□有　　请列明：_____

□没有

2. 有没有学生需要进一步辅导？

□有　　学生姓名：_____

□没有

3. 学生对这件事有什么意见或反应？

_____

4. 主持这次班会课时，你有没有遇到困难？有没有其他建议？

_____

［对老师的支援］

在校内与死者有密切关系的教职员，如班主任、科任老师、辅导主任等也会受到冲击。

如果他们的情绪受到困扰，也应该找机会坐下来，互相聆听感受，表达自己的忧虑和想法，共同找出解决的方法。

如果他们的困扰情况严重，也应该转介给一些合适及长期的专业辅导老师或心理医疗机构。

（《特别主题班会课》选摘自香港大学心理学系林瑞芳博士《校园危机的善后与预防》讲座资料）

[自伤自杀应对流程图]

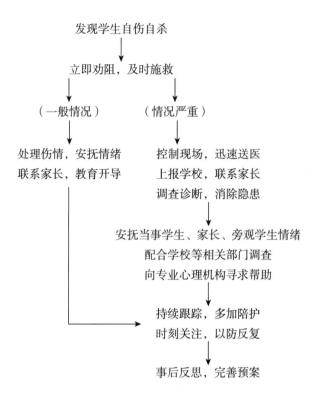

（策划　向柏桦　班主任之友杂志社）

第六章
突发事件的一般处理策略

　　面对一般的突发事件，是否有现成的策略可借鉴？在处理突发事件时，如何做到训练有素？班主任如何修炼临场智慧？如何掌握突发事件的应对技巧？

第一节　班级突发事件应对技巧

　　班级突发事件是检验一个教师知识水平和综合能力的试金石。有些老师很怕学生出事，学生一旦出事就惶惶不可终日，到处问该怎么办。怎么办呢？有些老师无论发生什么事情都能做到举重若轻、化险为夷。这两类老师面对突发事件时为何如此不同呢？是他们在应对技能上有差别，有能力有把握的老师，说话做事自然有底气。如何让老师在应对班级突发事件时都能有底气呢？

一、平时多积累，临阵不慌张

　　2011年4月20日，陕西省榆林市榆阳区鱼河镇中心小学的学生在饮用了统一配送的纯牛奶之后，出现集体中毒症状。但是这次事件并没有给学校、学生和家长带来很大的负面影响，也没有造成巨大的生命财产损失。一个重要原因是，事件发生后，学校领导和班主任，马上采取了一系列正确的救治措施：一是给学生催吐，刺激咽喉，反复让学生喝清水，反复刺激，降低了有毒食品在胃中的浓度。二是及时补充盐水，用8克食盐溶于200毫升温水中，让中毒的孩子口服，这样避免了腹泻的孩子脱水。三是将有明显反应的孩子及时送往医院救治。正是这三条有条不紊的措施，赢得了社会和媒体的普遍理解和宽容。

　　足够的知识积累，是我们应对复杂事件的基础，也是我们处理这些事件底气的来源。那么，我们老师在平时的学习中，要注意积累些什么知识呢？

一是多积累科学常识，以便准确判断、及时处置。在班级突发事件中，流行疾病、食物中毒、突发伤病是常见内容，掌握相关知识，有助于我们准确判断情况、及时处置问题。

有了相关知识的积累，我们临阵才不会慌张。1997 年，我们学校免费给学生驱虫。吃了药物之后，有些学生有反应，一些班主任没有医药常识，马上就把学生送往医院，结果在社会上引发了"某某校学生集体中毒"的谣言。医生说，那些反应都很正常，只要老师们仔细阅读用药须知，让孩子们喝点儿白开水、休息休息就可以缓解，根本用不着送医。

二是积累相关法律知识，以便规范自己的处置行为。有些老师在班级发生了突发事件后，紧张害怕，很怕这事儿对自己不好，对学校不好，甚至还担心因此而丢工作。这都是法律知识欠缺的表现。其实，只要我们把校园伤害、学生安全等相关法律做一个基本的、系统的学习，就会知道在校园伤害案中，只要学校设施没有隐患、教师行为没有过错、尽到了我们的教育和告知义务，我们就没有多大的法律责任。平时多学法，尤其是和我们切身相关的法律知识，厘清自己的责任，我们处理这类事情底气就足，胆子就大，魄力就有了。

三是积累复杂事件处理程序，确保临场不乱。我曾专门就学生暴力伤害事件向律师、民警请教，假如发生了类似的事情该怎么办。他们明确告诉我：首先，迅速组织救治，就近不就远；其次，及时报告并通知监护人，千万别自作主张，隐瞒不报是要追究责任的；再次，采取措施保护好事故现场和相关证据；最后，积极协商和调解，尤其是在协商的时候，耐心、细心、小心、诚心和无畏之心，这"五心"很重要，因为受害者法律认识水平不一、素质不一，处理事故时往往比较冲动，提要求不现实，我们就要用这"五心"来化解。

园林建设中，要求实施者胸中有丘壑、平时多阅历。我们老师们平时多积累，发生突发事件时处理起来就会游刃有余。

二、日常多准备，现场有办法

应对突发事件，关键是平时我们要多准备、多演练。凡事做到有把握，我们才不会怯场，才会指挥若定。那么，平时我们可以做好哪些工作呢？

首先，编制突发事件应急预案，平时加强演练。汶川地震发生后，受灾学校师生伤亡惨重，但日本"3·11"地震发生后，学校师生伤亡很少，整个社会救治秩序一片井然。我们在很多新闻图片上看到，日本地震后，没有一个人在超市通道中间停留，所有人都规矩地列队坐在两边休息；发放食品的操场，所有人员都排好队，没有一个人插队，也没有人停留；几百人在广场上避难，整个过程无一人抽烟，3个小时后，人散，地上没有一片垃圾……这些细节不得不让我们敬佩，这些细节就是平时教育演练的结果。汶川地震、湖南湘乡校园学生集体踩踏事件发生后，教育部要求各级学校编制突发事件应急预案，并加强平时演练，不知道有多少学校真正组织落实了。平时不演练，发生了事情孩子们怎么知道如何应对，我们又如何从容应对呢？

其次，日常教育注意安全细节，提高学生安全保障意识。有老师指出孩子出走之后，我们要"为家长留住颜面，为孩子支一个下台的梯子，为自己保留尊严"，可以说，从家长、学生和教师三方面的精神需要上，提出了一个处理的好办法。但是，我觉得"三为"之外，更重要的是"为孩子留一份安全保障，为教育留一个可能的机会"。只有孩子安全了，教育才有机会，家长才有面子，老师才有尊严。因此，我们要加强安全细节教育。

我曾经对学生们说过，如果我们不能够阻止你离家出走，那么，请你们离家出走前做好下列准备。一是准备好足够的食品和现金，确保路上安全；准备好必要的防寒防暑装备、必要的跌打损伤药品和必要的联系工具。二是出门在外不要轻易接受陌生人的邀请；女生不要住那些不合格的旅馆，不要与人合宿；不要一次带很多现金或暴露现金；不要在别人成伙的时候搭乘别人的便宜车，以免遭遇抢劫；不要贪吃便宜的饭菜，以免得病；不要在阴暗无光的地方过多停留，不要在过于偏僻的地方住宿……三是不管你们怎么抱怨我们，请务必和我们保持联系，以备你们在困难的时候我们可以及时提供帮助。对于第三点，老师们可能会有反对意见，认为操作起来很难。其实不然，出走学生可能不会和家长、老师保持联系，但是他们会和好友保持联系。老师用和出走孩子关系密切的同学 QQ 和出走人取得联系，掌握出走线索，就是值得肯定的好办法。

再次，把握突发事件处置基本程序，厘清应急重点。突发事件处理的一个基本工作程序是"一控制二急救三处置四上报"。无论发生什么事，都应该这么做。很多老师可能不理解，为什么首先不是急救，而是控制事态？因为事态若不控制，急救了一部分，会带来更大一部分的损失。这个处理程序，是经过很多血泪教训总结出来的，甚至可以这么说，看起来是几个平淡无奇的汉字，但是这几个汉字的背后，很可能就是宝贵的生命。

在对学生群体性冲突事件的处置中，我们一定要记住几个"第一"：稳控第一，面子第二；救治第一，教育第二；疏散第一，调停第二；报告第一，调查第二。抓住几个"第一"，再复杂的问题到你手中都能举重若轻了。

三、学会巧做人，善后有智慧

突发事件中一个重要的环节是善后，善后处理得好，一件坏事可变成好事；善后不当，则可能后患无穷。善后，是考验教师人格魅力和处事智慧的难题。怎样善后才是有智慧的呢？

首先要明白自己的角色定位，处事说话不越位。很多突发事件都会涉及人身伤害赔偿问题，关键是理赔，最头疼的也是理赔——一方不愿意多出，一方不愿意少拿，矛盾就来了。关于善后理赔，我们对自己的角色要有一个清醒的定位，千万别大包大揽，最后把自己也弄得很被动。在善后处理中，班主任的角色就是调解员。我们处理的原则就是依法、客观、公正、合情合理。如果矛盾双方意见一致，能够调解好，为学生营造一个良好的学习发展环境，这是好事情，我们应该尽职尽责。如果我们调解不好，可以让家长通过司法途径解决，千万别包办一切，越俎代庖，那样可能会越帮越忙。

其次是为人要刚柔并济，学会方圆结合处理事情。处理意外伤害事故，矛盾调解的成功率往往取决于具体经办人的调解和处理人际关系的能力，因此，做一个刚柔并济的人，懂得方圆结合处理各种复杂问题，对我们班主任来说很重要。

什么情况下要"圆"呢？做思想稳定工作时要圆，说话表态时要圆，切勿把话说足，更不要拍着胸脯表态。如在面对受伤害学生的家长时，无论学校是否有责任，先应表现出对受害人及其家属的深切同情，这样便于从心理上接近他们。然后在此基础上，努力做好思想稳定和安抚工作，绝不能得理不饶人。如果学校和当事人没有过错，受害学生家庭经济又比较困难，可以根据《学生伤害事故处理办法》（教育部 2002 第 12 号令）第二十六条规定说一些比较原则的话："学校无责任的，如果有条件，可以根据实际情况，本着自愿和可能的原则，对受伤害学生给予适当的帮助。"不把话说死，即使处理不好，家长也不会对我们有意见。

倾听家长谈话时要圆。无论学生家长的文化素质是高还是低，他们在处理意外伤害事故时往往比较冲动，提出的要求可能不现实，比如，有的一开口就是几十万。此时我们更要有耐心，讲话更要小心，要将事实和法律的规定给受害人及其监护人讲清、讲透。泰戈尔说的，"不是槌的打击，乃是水的载歌载舞，使鹅卵石臻于完美"，很多时候是很实用的。我们此时心态柔和、说话贴心、听话耐心、解释细心，家长感觉会好很多。

我注意到一个学生打闹受伤引发的家校冲突案例，案例中受伤的孩子治好了，纠纷也解决了，个人权益也得到了保护，但是当受伤孩子回到学校之后，所有同学和老师都疏远他，结果，在学校里很孤独。作者在事件处理后提出了一个无限伤感的疑问：身体的伤可以治愈，心灵的伤口能治愈吗？

其实，这个事件完全可以朝另一个方面发展。如对肇事者父母，我们可以明确地告诉他们：因学生打闹引发的伤害案，主要责任在肇事者。这件事情要想完美处理就需要他们拿出具体有效的行动来获得对方家长的理解和同情：一是要主动探视伤者，真诚地表达自己的歉意和关心；二是要主动承担责任，获得对方的认可；三是想不出钱是不可能的，但可委婉解释家庭困境，获得对方的理解和同情。对于受害者家长，不妨讲讲这个故事：牧羊人因为邻居猎户的狗咬伤自己的羊而将猎户告上了法庭。法官劝说道，这个官司你肯定会赢，但是你赢了官司会失去邻居。不如换一个角度，变打官司为送对方一只羊羔，让对方因为喜爱羊羔而管好猎狗。这样，既赢得了牧羊的安全，又赢得了好邻居，可谓一举两得呢！通过这个故事让家长学会宽容理性对待事件。从法外讲情的角度，从为人处世的角度，给家长介绍一点儿人生的智慧，尽量把事情处理得圆满一些，尽量有教育意义一些。我想，这应该是处理校园伤害案的一个重要思想。

什么时候要"方"呢？交代政策、表达立场的时候要方。比如说，在意外伤害事故中，受伤害学生的监护人、亲属或者其他有关人员，有可能会在事故处理过程中无理取闹、扰乱学校正常教育教学秩序，或者侵犯学校、教师或者其他工作人员的合法权益。我们在处理这类事情的时候，就要明确地把相关政策法规告诉他们，请他们遵守学校规章制度，尊重教师，尊重学校的处理意见。此时态度一定不要含糊，一是一，二是二，绝对不能够退让。声音可以轻一点儿，但是语气一定要果断、坚定，不要让别人有可以松动的感觉。这样对后面的处理很有用。

最后是要善于拓宽思维，多途径地寻求事件的解决方案。遇到一些大家都没有过错的校园伤害案，该怎么办呢？比如说，学生在体育比赛活动中受伤了，受伤学生和指导老师均没有过错，该怎么办？答案只有一个——参加保险，学校要参加保险，学生也要参加保险。这样，学生发生意外伤害事故了，受害者就能够得到合理赔偿。遇到此类意外事件，我们就要从追责思维中跳出来，学会用保险给孩子一份安全的保障。

（湖南省邵东县两市镇第一中学 郑学志）

第二节　辩证对待突发事件

处理突发事件，班主任首先要提高的是思想认识。无数的惨痛教训证明，在班级突发事件中，由于班主任处理不当导致问题升级，引发家校纠纷甚至社会指责的案例多数是班主任认识不到位，不够警觉造成的。辩证对待突发事件，是成功处理突发事件的第一步。

一、常规管理与应急处理的一体性

什么是应急？百度百科有两种解释：一是指应付急需，应付紧急情况；二是指需要立即采取某些超出正常工作程序的行动，以避免事故发生或减轻事故后果的状态，有时也称为紧急状态，同时也泛指立即采取超出正常工作程序的行动。从第二种解释不难看出，班级管理中的应急处理应该与常规管理对应，它们是一体的两面，对立统一。常规管理越好的班级，突发事件发生的比例就会越小。

高二时我班新分入一名住校生，据他的原班主任介绍，他的网瘾很大，时常溜号借机去校园周边上网，防不胜防。我因此特别留意这个学生，可一段时间下来也没有看见他有异常。一次我调侃地问他："传闻以前你经常溜号上网，看来此言纯属捏造！"他笑呵呵地对我说："你的'零汇报制度'太厉害了，我可不敢造次！""零汇报制度"是我班的一项常规制度，就是要求分管纪律和学习的副班长每天晚自习前就班上一天的情况向我汇报。这项常规最大的好处有两个。一是在同学们看来，由班主任指定班委在指定时间就指定内容做汇报，是班委在履行职责。当学生们了解到班主任每时每刻都在了解班级情况时，常规方面就不敢大意了。如果不是通过指定的方式，那就是"打小报告"，学生对此是很反感的，就算班主任了解问题后能公平公正地处理，也会出现很多"后遗症"。二是培养副班长的能力，我要求他不仅要及时发现问题，还必须谨慎思考后再向我汇报，并提出解决方案，如此一来就有利于培养班委发现问题、解决问题的能力。

我再和大家分享一个案例。在我所教的已经毕业的班里，有一名患有癫症的学生，一旦发病就会腹痛难忍，甚至昏迷不醒。每次她一发病，班上同学一边打电话联系医院和我，一边将她送往医院救治。我得到通知后一边往医院赶，一边通知她的父母直接去医院。三年里，这样的情形不知道发生了多少次，可每一次都顺利解决了，靠的就是常规管理。因为我班的常规管理中一直就保留着"学生意外伤病应急性流程化预案"。一旦发生此类事件，班上的同学会立即按照应急预案及时处理，而且流程化的方式简洁明了，易于操作。

从以上两例我们可以得出这样一个结论：常规管理到位，就能营造出一种积极向上的氛围，这样的氛围可以大大降低突发事件发生的几率。同时，常规管理中也就包含着应急处理，应急处理一方面可以检验常规管理是否到位，一方面也能促进常规管理的完善。这就是常规管理与应急处理的一体性。

二、集体教育与个体教育的一体性

班级管理不同于一般企业管理的一个显著特征就是它的教育意义，所以，我们需要更多的是教育而非单纯的管理。应急事件多发于单个或者少数学生身上，问题的严重性往往是由一个点蔓延开的。这就涉及两个问题，集体教育与个体教育。我们在处理突发事件时，往往忽略了一个重要问题：人是社会性的。这在校园暴力事件中尤为突出，特别是聚众斗殴。绝大多数的聚众斗殴都是由小集体中一两名主事者引起，其他人基本都是扮演着帮凶和打手的角色。所以，在平常的教育中，班主任一定要抓住大多数，只要大多数人都稳得住，不支持，很多集体暴力事件就能避免。因为主事者一旦失去"市场"，就会孤立，想翻个大浪也难。

集体教育的一个重要内容就是不能为某些个体提供"软支持"。仔细分析集体暴力事件不难发现，在事件发生的诸多因素中，有人"帮忙"是使事件恶化的重要因素。主事者若能找到人帮忙，一方面给自己壮了胆，一方面在人前有了面子。于是，双方一见面，说不上几句，就开打了。去"帮忙"的学生在被主事者"请"去时都说只是去凑热闹的，结果到了现场，被环境所逼，看主事者都已经冲锋陷阵了，再怎么也要象征性地给对方几下。结果，暴力事件升级，事态失控，甚至酿成悲剧。在这类事件中被请去帮忙的学生往往扮演了"催化剂"的角色，他们为主事者壮了胆，促使主事者变得更加主动积极，又基于面子问题，出手帮忙，从"软支持"变成了"硬支持"。

找到问题的根源，平时的教育就好办了。我曾经开展了"有人请你帮忙，你该怎么办"的主题班会课，就是针对这一现象的集体教育，让同学们自己讨论，还列出了很多拒绝的方式以及告知老师和家长的正确做法。在集体教育的同时，也对极个别的学生以威慑，间接告诉他，其实很多同学都不愿意也不会去帮忙，而且还有可能"举报"。不仅如此，还需要对有"前科"或有"潜质"的学生重点提醒。注意，这里用的是提醒，必须是善意的，绝不能乱贴标签。

另外，如果发生了类似的事件，在个别教育后，仍然要以此为契机开展集体教育。发生在学生身边的事情才最有说服力，最能震撼学生的心灵。

集体教育与个体教育也是一体的两面，相互促进也相互制约。集体教育能带动个体教育，个体教育也能丰富集体教育的形式和内涵。集体教育与个体教育密不可分。

三、责任与责任规避的一体性

作为班主任，对待突发事件的态度和采取的方式都由我们对事件的责任感决定。我所遇到的在突发事件中败下阵来的班主任中，有一部分老师其实就是责任感不强才遭遇失败的。不可避免，有一些班主任，每次遇到事情总想着怎么逃避麻烦。其间不乏声音喊着"我们要规避责任，班主任压力太大了"。其实逃避的不是麻烦，而是责任。殊不知，责任与责任规避也是一体的两面，只有担负起责任，才能更好地规避责任。

有这么一则案例，一位名叫小李的学生成绩不怎么理想，经常谎称自己生病躲在寝室里不来上课。几次过后，班主任放松了警惕。结果有一天小李没来上课，班主任通过室长了解到他仍在寝室不愿上课后就不再过问此事。却不想，小李在寝室竟然起了轻生的念头，割腕自杀。幸好生活老师发现及时，立刻通知了家长。直到家长把小李送到医院后，班主任才得知此事。后面发生的事情，可想而知。若班主任能保持警觉，在小李一开始躲在寝室时就及时跟进，了解情况，及时处理，就不至于让事态进一步扩大。在这则案例中，班主任有不可推卸的责任。

所以，班主任唯有尽责，才能免责，其前提是要时常保持警觉性。警觉性与责任持久相伴，才能保证班主任在应急事件中急而不慌，忙而不乱，才谈得上从容应对。

四、现场管理与后期教育的一体性

再完备的工作也不可避免地会有疏漏，我们只能尽可能降低突发事件发生的几率，但不能完全避免。一旦遭遇突发事件就面临两个问题：一是先管理还是先教育；二是重管理还是重教育。

这两个问题很难回答，因为它们是一体的，在不同的阶段，轻重缓急不同。在问题的初期，既然是突发事件，处理必须及时。那就必须先管，管见效快，只有管，才能在最短的时间内控制局势，保证事态不升级。如遭遇学生打架，制止是第一步，查看双方是否受伤并妥善处理伤情是第二步，调查分析确证是第三步，个体教育是第四步，集体教育是第五步。所以，最初的时候先管，重管；事态控制后再教育，而且要偏重教育。管要见效快，教育要长远。应急处理就是要先治标再治本。

突发事件的现场处理与后期教育必须分阶段、分层次地兼顾，才能真正有效控制事态，避免此类事件再次发生。

（四川省宜宾市第三中学校　何　舰　梁　岗）

第三节 养千日只为用一时

突发事件最通俗的解释就是突然发生的事件，最明显的特征就是突然和出人意料。如果对这类事件不能及时、妥善处理的话，往往会造成严重后果，留下更多的痛，付出更大的代价。

我们除了要掌握基本的突发事件处理办法外，还需要构筑一些"防御设施"，有了"防御设施"，一可防患于未然，二可"兵来将挡，水来土掩"。为此，我们可以试着做好以下几个方面。

一、配备"应急员" ——养于备

一个班是由几十个人组成的集体，不可避免地会有一些突发事件。许多时候，事情发生时，老师并不是和学生们在一起的。为了在事情突发之时学生能够保持冷静，不慌乱，我们可以在班级中物色一名冷静、机智的学生来担当"应急员"这一角色。

"应急员"角色的配备自然不是为了走形式，而是让他在事件突然发生之时能够有所担当。"应急员"的素质除了具备"先天条件"外，还需要平日的培养：我们要对他进行必要的"技术指导"。他本人也需要不断地学习、研究和思考相关问题，需要养成一种时刻警惕和遇事担当的习惯。作为班主任，我们还要经常提醒学生们意识到"应急员"的存在，向学生宣传他不可替代的价值，并授予他一定的"特权"。

有一天中午时分，学生正在教室内自修，突然一名男生晕厥，口吐白沫，全身抽搐，班里许多同学还没来得及反应，我们的"应急员"已经开始冷静地指挥着：让一个同学拨打120急救中心的电话，让一个同学下楼请就近的医生，让一个同学打电话联系我，让另一个同学帮助掐那个学生的人中……

当我来到学校的时候，120急救中心的车已经停在了教学楼下，就近请来的医生正和几名学生将病人抬上担架。然后我们的"应急员"和我一道陪同那名学生到了医院，路上他提醒我要及时和该学生的家长联系，还向我介绍这是一种什么病症……我对他的表现甚是惊讶。

当然，我们"应急员"的作用还不仅仅体现在这一次事件发生时，他平时还充当了紧急突发事件防范的宣传员。他查阅大量的相关资料，适时地提醒同学们要注意什么、防范什么……班级"应急员"的配备能让班主任省去不少心思。

二、提前预演——养于练

（一）情境演练

汶川大地震发生后，震区不少学校教学楼瞬间坍塌，夺走许多鲜活如花的生命，而与灾情最严重的北川县毗邻的安县桑枣中学2300多名师生在地震中却无一伤亡，被世人誉为"桑枣奇迹"……

许多学校也都制定了"应急预案"，进行过紧急疏散演练，许多班级也都进行过相关的教育。可是，很多时候我们这些"突发事件"都是预设的，还有的就是在作秀、应付，师生演练时就像做游戏一样，演练效果大打折扣。

4月20日上午是我们班紧急疏散演练时间，具体时间是在第三节课上课前的眼保健操结束后，学校要求教室的后门提前打开，情境是发生了地震等天灾。我却没有"按章行事"，因为"灾难"的发生多是突然的、不可预料的。我们班这次演练的不同之处在——

班级的后门开始是关闭的（故意这样安排）；我提前宣布了紧急事件的发生。先前学生都以为是在眼保健操结束后才进行，可是我却在他们刚做眼保健操时就突然宣布；原计划是"震灾"，我宣布的却是"四楼起火"。

没想到学生们是那么冷静——后门瞬间被打开，大家第一时间进入了状态；女生先行；整个演练过程没有一人说笑、打闹（当灾害真的来临时，一定不会有人说笑）。

演练结束后我在教室的黑板上作了三方面的总结。总评：大家做得都很棒，10秒钟全部离开了教室，24秒全部撤到操场。不足：这是火灾啊，你们是怎么行进的？下楼后，你们又站在了什么位置？思考：如果不是火灾呢？如果疏散时有人有"麻烦"了呢？如果灾难不是发生在白天，而是黑夜呢？这次是我们一个班在演练，如果是所有的班呢？

学生们在庆祝"胜利逃生"的同时又多了一份深思。

情境演练是较高层次的训练，能让参与者精力更集中，强化大家的防范意识，让我们积累经验、发现问题。

（二）沙盘推演

受条件所限，我们不能够事事都进行"演练"，或者说，有些情况根本就无法"演练"。

战争沙盘模拟推演通过红、蓝两军在战场上的对抗与较量，发现双方战略战术中存在的问题，从而提高指挥员的作战能力。于是，我们将军事中的"沙盘推演"引入了课堂。

1. 选择推演话题

我和学生们一起选择话题，其实已经在进行教育了。因为他们会更有理由相信这些事件可能是真的，同时也会主动思考如何应对。话题选择如：

①老师错怪学生，学生言语和肢体方面都表现得相当激烈。

②两位同学突然发生肢体冲突。

③遇到恶人行凶（路上、家中、教室里）。

④突遭/遇交通事故。

⑤大笔财物遭窃。

⑥个别学生突然状态失常。

…………

2. 分析推演

以上这些事件都是不方便"演练"的，即便"演练"也离真实情境很远，我们可分批做一些专题分析、研讨。这类情境的创设往往只需要我们的言语就很容易将学生拉至"事发现场"，省力省时。"推演"时，参与进来的学生会各抒己见，会主动交流、相互补充，会不断完善方案。集体的智慧是无穷的，这种情形下的"急"中往往更能"生智"。

在分析、推演的过程中，班主任通常都是需要在场的，我们对学生的发言要给予适当的点评和指导，因为这种活动一般是学生"操控"不了的。为了更好地控制推演时的局面，为了对他们进行更为科学、合理的指导，我自己也会在活动前查阅相关资料（如法律方面、心理方面、科学救护方面……），进行"推演前的推演"。

3. 远离"战争"，争取"和平"

我们进行的"推演"还有一个很重要的目的，就是指导学生如何避重就轻，防患于未然。

举个例子，某天上午第一节课上课前，一个外班的学生找到我，递给我一个信封，说是我们班的学生 S 留下的。信封里有三封信：一封是给我的，一封是给校长的，一封是给他家长的。

我的第一反应是：S 出走了！读完信，我知道我的判断是对的。在写给我的信中，他说很感激我对他一直以来的关心和教导，但他的梦在远方。在给校长和他家长的信中，他强调他的出走与我、与我们班的教师、与我们班的所有学生都没有关系，只是想寻梦，对我和我们的班级同学赞扬了一番。

我迅速地做了三件事。一是和他的家长取得联系，并安慰他们不要慌张。二是来到教室，请出了三四位平时和他处得最近的学生，当然还有我们的班长。我将事情的前后和他们简单说了一下，告诉他们尽可能不要声张，我让他的同桌去他的座位处查找他离开时"残留下的信息"，让班长注意班内同学的情绪，再向其他几位学生询问 S 同学最近有没有异常表现等。三是将此事及时上报到了学校。

当我从学生口中得知"他没有过于异常的表现"、"最近出入了几次网吧"、"他很想提前致富"等信息后，我就直奔火车站，可是未能找到。但我的手中一直紧握着手机，因为在我们曾经的"推演"中，我强调说明过："任何时候，无论发生了什么事，我的手机都会等待着你的讯息。"他的家长也很快赶来，我们继续到车站等处寻找，天黑了还是没有见到他的踪影。班长此时发来短信："班级秩序井然，没有太多有价值的发现。"校长也电话询问了我"事情的进展情况"，同时也安慰了我。学校这边我很放心了。

深夜的时候我的手机响起，果然是 S 打来的。他和我说明了事情的真相，向我报告了他此时所在的位置……第三天，他出现在我的办公室，原来他是看到网上一个"养殖快富"的信息，决定一个人出去打拼，可是实地考察后加上我的好言相劝，他还是在第一时间"回头"了。

细想一下，带班这么多年，真就发生过好几起学生出走的事情，但全都是有惊无险。学生们都会以不同形式和我取得联系，班级内部也都相对平稳，甚至有的同学"跑一圈"回来后，班内的个别人还不知道发生了什么事。接下来大家也都相安无事，班级外面也不会闹得沸沸扬扬。这一切多是得益于我们平日的"养"。

三、利用 "突发事件" ——养于育

我以前任教的学校多年前曾经发生过一起教室内学生被刺的恶性事件，事件的当事人、家庭、学校和相关老师都付出了惨重的代价。此事细想起来，学生遇刺之事还真不是当时老师和班级其他学生的错，学校甚至也无法有效避免事件的发生，因为这是一起精心预谋的刺杀事件。但是那个原本鲜活的生命突然陨落，还是给我们留下了诸多思索：珍爱生命、善待青春，什么是人生的最大意义，亲近文明、远离暴力，三思而后行才不至于这么痛……

愚蠢的行为，逝去的生命，亲人们的断肠和泪眼……这些都会影响并启示着我们，让我们深挖并利用这一"事件"中有价值的教育资源。

①生命最直接的意义是还活着，还拥有，还能创造，还能笑。

②珍爱生命，尊重生活。春夏秋冬都有它的美丽、它的神奇，这个世界等待着我们去欣赏。

③有话好好说，没有迈不去的山，也没有跨不过的河，宽容需要气量，包容显示风度。

④人之所以是万物之灵长，一是因为人有高级的思想；二是我们可以用思想支配自己的躯体，用头脑操控自己的言行。

…………

如果"突发事件"真的发生了，除了完成必要的善后工作外，我们还有必要进一步挖掘这些"突发资源"并加以利用。学生亲历过的情景往往最能教育他们，学生身边发生的事情往往更容易影响他们。通过对"突发事件"中的资源合理开发利用，可以让我们实现教育价值的最大化，可以进一步培养学生的安全意识、理性品质、良性道德，可以长经验、增智慧、提品位，从而让他们放下该放的，把握应该把握的，创造亟待创造的，追逐需要追逐的。

每一起突发事件都是我们不希望发生的，但每一次事件发生之后我们都要"吃一堑，长一智"。

临近放寒假还有二十几天的时间，班里突然有学生出了水痘。开始只是一个人，安排治疗后，班上又有两三个同学发病；上报学校并及时采取隔离治疗之后，竟然又有了新增病例。可是，那时大家真就是"不恐、不慌、不弃、不离"，大雪纷飞的日子里，教室 24 小时通风，无一人抱怨，室内显得更加温暖，学生们的学习热情空前……

终于，我们顺利地参加完了当年的期终考试，学生们各自快乐地回家过年。

年后大家回忆起年前的"峥嵘岁月"，仍旧豪情满怀。

也因为遭遇这次"水痘突袭"，整个班级的凝聚力大为增强，他们把这种"抗击水痘"的精神发扬光大，将班级的和谐与激情演绎到一个相当的水平，大家牵手微笑着走过高考、走向辉煌……

在路上，我们渴慕阳光，我们挥洒着青春的希望。如果风雨来了，我们也不会过于慌张，因为我们带着"雨伞"呢！就算是一场暴风雨打湿了我们的衣衫，下次我们也一定会更清楚地知道怎样躲、怎样防。

综上，配备"应急员"、提前预演、利用身边的"突发资源"等，都是在"养"。"养"我们的一种品质，"养"我们的一种意识，养心也在养人，养育为了养成，直到养成了一种避免或应对突发事件的能力，养成了我们的一种内在的素质。"养兵千日"只为"用兵一时"，力争达到"不战则已，有战必胜"，养兵就是为了更好地用兵，为了让我们的教育更加安全、健康和阳光。

（江苏省南京市树人国际学校 贺华义）

第四节　修炼临场"急"智的三个层次

很多人欣赏名师解决突发事件的聪明才智和高超技巧，也迫不及待地想成为这样的高手，于是临摹之，实践之，想尽快"急"智起来。但"画虎不成反类犬"者有之，掉入小聪明泥淖者有之，成为刻薄之师者有之。这都是心太急，徒学其形，未得其神，甚至走火入魔的结果。

我曾经亲身经历过这样一件事。

2010 年 10 月份的一天，历史老师（女）走进办公室对班主任（男）说："最近有点奇怪，小刚总在上课时出去上厕所！不同意吧，好像不太人性；同意吧，又怀疑他出去干什么坏事。他现在又去厕所了，请你去看看他到底在干什么？"

班主任站了起来，满腔怒火："这个家伙，烟瘾大，肯定是躲到厕所抽烟去了！"说完，朝厕所走去。

小刚是个播音主持特长生，上个星期，他参加了一个舞台剧，表演时收放自如，表情生动，将一个恋爱中的男生演绎得十分到位。我非常佩服，但是，作为他的政治老师，我也知道他成绩非常差，也很调皮。我上课时，他也请假出去过。

不一会儿，班主任带着小刚进来了。

"你不是抽烟，跑到厕所干什么？"班主任问。

"我没有抽烟，就是去上厕所。"小刚辩解。

"那你口袋里的打火机是干什么用的？"班主任问。

"那是怕停电，点蜡烛用的。"小刚答。

"骗人！打火机你就是用来抽烟的。"班主任生气地说。

"没有，老师，我在厕所里真的没有抽烟。"小刚说。

"没有抽烟，经常上课时去厕所？你蒙谁？"班主任怒吼。

"我发誓，今天我没有。"小刚语气也强硬起来。

两人越吵越厉害，年级组长在一旁也眼冒怒火，办公室的所有老师都密切注视着事态的发展。

至此，我不再沉默，站了起来，轻轻拍了一下班主任的肩膀后，对小刚说："小刚，你出来，我们到外面谈谈。"

走出门外，我并没有停步，在走廊上办公室的老师依然可以听到我们的谈话声，我示意他继续跟我走，我有一个更为隐秘的地方作私人交流——而不是批评。

我带他来到楼上，这一层都是学生的画室，没人打扰。在拐角处，我停了下来，温和地看着小刚的眼睛。

"我真的很欣赏你的才艺，那次全校展演你表现得太出色了，将角色的个性展现得淋漓尽致。看得出，即使校长在下面观看，你也没有丝毫怯场。"我先真心表扬他，赞美他，让他的思绪先离开刚才受逼迫的场景，解除防卫是接受教育的前提。

"是的，其实当时我还是很紧张的。"小刚完全没有了在办公室的那种倔强。

"可是，我们在下面丝毫都看不出。"我继续赞美他，"听音乐老师说，你是这批播音主持生里最出色的一个。"

"哦，我们在湖南学习，学完后有一个毕业测试，我拿了第一名。"小刚抬起头来，眼中充满自信。这正是我需要的，缺点的改正不是靠外在的压力，一个孩子的改变主要的力量来自他的内心。

"我真心希望你能考上好大学。"我顿了顿，"不要埋没了你的才华。"

"我知道。"他说，"我一直在努力，与高二相比，我改变了很多，只是有时候老师要求太高。"

"是的，你这样做是对的，这样才有希望，我们都希望你能把文化成绩赶上来。上课的时候，我经常喊你回答问题，有时候看你分神了，还怕你回答不出来。"

"谢谢老师。"

"我上课的时候你也出去过，我从来没有怀疑过你。"

"谢谢老师，我以前上课时是出去抽过烟，但是今天，我真的没有抽。"

"嗯，老师相信你！但抽烟有害身体健康，而且影响不好，以后还是要少抽。"

"我会注意的，老师。"

"那就好！我会帮你向班主任解释，但是你也去跟班主任好好谈谈，把事情说清楚，好吗？"

"好的，谢谢老师。"

在修炼的过程中，有三个层次。

一、技术

在这个案例中，谈话技术比较明显，班主任采用逼迫式问话让学生承认自己抽烟了，结果学生"死扛"。我采用的是迂回式问话，先绕过他抽烟这件事，最后他还是反思了抽烟的问题。不同的谈话技术取得了不同的效果。

我们经常看到学生在办公室与班主任"死扛"的局面。一个步步紧逼，一个负隅顽抗，结果双方陷入僵局。这里的关键是：老师只知道前进，打了个死结，不知道后退，不知道迂回，缺乏临场应变的思路和技术。其实老师一撒力，学生的情绪就会舒缓一些，也容易接受教育一些。

当然，谈话技术在这里只是一个例子，班主任要修炼的基本技术还有很多，我们可以不断找到修炼的方法和途径。像王晓春老师的"教育诊疗"

技术可以在 K12 论坛学习，像现在正在蓬勃开展的"班级自主化管理"技术可以在"班主任之友教育论坛"学习。

二、理念

用何种理念对待学生，属于修炼的第二层。跟技术相比，这属于更为基础的层次。

我之所以出手，是基于保护学生尊严的理念。学生在办公室受到批评，他是很尴尬、很难受的，他的人格尊严受到威胁，如果没有确凿的证据，他是不会承认自己犯错的。所以，当务之急就是把他救出这个境地，从他的优秀行为说起，唤醒他想做一个好人、一个优秀的人的愿望。苏霍姆林斯基在《给教师的建议》中说："只有教师关心学生的人的尊严感，才能使学生通过学习而受到教育。教育的核心，就其本质来说，就在于让儿童始终体验到自己的尊严感。""要像爱护最宝贵的财富一样爱护儿童对你的信任这朵娇嫩的花儿。"

优秀理念是你的教育行之久远的基础，理念不同，临场智慧水平高低也有很大差异。很多老师有教育"急"智，但不一定符合人性，不一定符合教育规律。

临场应变首要特点自然是"变"，但万变不离其宗，这里的"宗"，就是教育目的。我们无论怎么变，都不要忘记教育的目的：为了孩子的成长。

三、心智模式

心智模式是我们学习的内心框架，我们内心都有自己在长期学习和实践中形成的心智模式。心智模式仿佛一个筐，你自己决定它的形状和容积，它是密实的，还是疏漏的，它的缝隙有多大，朝哪个方向开放，你决定装哪些技术，哪些理念。

当你感到讶异、受到震撼的时候，你的心智模式开始改变。

那么，我们要怎样修炼自己的心智模式？

首先要学会观察自己。

你是否能察觉自己抑制不住的怒气？当学生刺激你，你的牙咬得咯咯响，你感觉到自己的怒气正在上升，你觉得你要发脾气了，但是，你也知道，劈头盖脸地把学生骂一顿是没有效果的，两种思想在头脑里交锋，你意识到自己内心的冲突，这个时候，我们说你学会了观察自己。不会观察自己的人，会狠狠地把学生骂一通，出了恶气，看到学生像霜打的茄子一般垂下脑袋，心中自鸣得意：还是骂有效啊！这样的老师是不会观察自己的，他还陶醉在自己既有的心智模式中。

同样，有的老师陶醉于喋喋不休，有的老师沉迷于改变他人，有的老师困惑于学生反反复复，他们总是把问题和错误归因于学生。这样的老师都没有察觉到自己的思维在一个固定的模式中绕圈。

然后，要有认知失衡，体会到别人观点的新异，吸纳别人的创意。

学习处理突发事件案例的时候，如果你只是简单地赞许或反对："我也会先表扬学生啊！""这个老师怎么能不尊重学生呢？"这说明你其实没有什么进步——心智模式没有改变。如果你讶异于"为什么会产生死结？"、"原来教育首先是关注人而不是关注学习啊！"这样，你的心智模式就得到了修改，你进步了，就有更多、更好的技术和理念面对突发事件了。

简单地肯定和反对不会有心智模式的转变，因为它是基于你内心既有的原则。当看到别人的处理方式，你察觉你的信念、你的原则存在问题的时候，你的心智模式就开始改变。比如说，一个崇尚规则的老师，在班级里制定了严谨、细密的班规，严格地依法治班，一直执行到毕业。当他有一天看了雷夫的《第 56 号教室的奇迹》，知道了道德发展六个阶段，发现了遵守规则之上还有更高的道德要求。这时候，他内心起了狂澜。原来，人不仅仅需要遵守规则，还需要倾听内心的召唤，规则不是至上的。这只是第四阶段而已，还有第五阶段：我能体贴别人。还有第六阶段：我有自己的行为准则并奉行不悖。这个时候，他就会反思自己之前崇尚的教育方式，寻找比班规更好的提升学生道德与人格的教育方式。有了这种准备，遇到突发事件，这位老师就会考虑不同阶段的适应性：学生处于哪个阶段？怎么提升他们的阶段水平？

技术、理念和心智模式这三个层次的修炼既是逐层递进，又是相互为用的。一个人习得某类技术，就会形成某种理念，而这些都会装进你的心智模式这个"筐"里。当你习得新技术，理念就会更新，同时"筐"也会发生改变，"筐"的改变会改变你选择的方向。

当修炼从一次循环走向下一次循环，面对突发事件，我们会比以前看得更清晰，奠基于心的优秀理念会提醒我们不要急功近利，启示我们思考的方向，这样，"急"智自生，高招自来。

（广东省深圳市光明中学　方　庆）

第五节 班级突发事件及其处理的一般策略

突发事件是指在教育过程中发生的事先难以预料，出现频率较低，但必须迅速做出反应，加以特殊处理的学生事件。如学生打架、课堂纠纷、突发急病、失窃等。突发事件具有偶发性、冲击性和紧迫性等特点，是特殊矛盾的反映，是对教师尤其是对班主任的特殊考验。

一、班级突发事件的类型

班级发展本身是一个规划任务执行的过程，或者说是一个目标达成的过程。但是在实际生活中，受到各种主客观因素的影响，特别是受生源竞争之下形成的学生群体异质化的影响，班级的突发事件正呈现出多发的态势。根据不同的划分标准，我们可以将其分为若干个类型。

以突发事件的主要参与者的关系而言，可以分为学生间事件、师生事件、家校事件等。学生间事件是突发事件中较为常见的，它以学生之间的矛盾冲突为诱因，对班级发展影响较大。如学生中的偷窃事件、学生间的暴力事件等。师生事件则是教师与学生之间因偶然因素诱发的矛盾事件，随着学生主体意识和权利意识的凸显，这类事件的发生率也在逐年提高。家校事件是教师与家长之间因学生的教育问题而引发的矛盾事件，在教育均衡化改革中，异质化生源的大量出现，使得这一问题更加明显，如学生离家出走等。

以突发事件的诱因来看，可以分为学习事件、教育事件、财物事件、情绪事件等。学习事件是指由学习因素诱发的事件，如考试作弊等；教育事件是指教师在对学生进行教育的过程之中或之后，因教育方式等分歧引发的事件，如体罚引起学生的旷课等；财务事件是指因学生的财务损失诱发的事件，如班级的失窃等；情绪事件是指主要由当事人的不良情绪诱发的事件，如破坏公物等。从发展态势来看，教育事件、情绪事件的发生率更高一些。

二、班级突发事件的原因分析

班级突发事件的发生往往是若干因素的综合作用，而且多数是一定时间积淀的结果。但是，它的发生必然存在一个偶然发生的诱因，而且与学生发展密切相关。综合分析，这些与学生相关的原因大致包括以下几个方面。

①学业受挫。学习是学生在班级生活中的核心内容，也是最容易诱发突发事件的重要原因。中学二、三年级的学生比较多发。因为，初二和高二会出现学生的学习分化，它会给学生带来心理落差，初三、高三毕业班的学生更是如此，因为他们学习的弦绷得很紧，很容易将学业上的受挫情绪转移到班级生活中去。比如，离家出走的事件在高三学业最紧张的时候和高二期中考试后是最容易发生的。

②教育失范。教育是一个非常复杂的工程，班主任工作是琐碎而精细的。特别是在声誉比较好的学校，家长和学生对未来有着很高的期待，因此他们对教师的期望值就比较高。很多时候，我们老师在教育方式上的失当会促使这类事件发生，或许某一次明显的教育失范行为就会诱发师生间、家校间的矛盾冲突。如学生不交作业，有的老师就会让他先补完作业再上课，有的老师则会在放学后陪他一起把作业补好，这两种方式导致的结果肯定是不一样的。

③情绪宣泄。从某种角度来看，每一起突发事件都与当事人的不良情绪有关，但是真正由情绪宣泄而诱发的事件则是比较复杂的。有可能是家庭教育不当导致的、同学交往受挫诱发的、压力大造成的，等等。

④交往障碍。这里的交往主要是师生交往、同伴交往（包括异性和同性）。学生现有的交往理念和能力基本上都是家庭教育的结果。而独生子女往往以自我为中心，所以学生在交往中缺乏对群体的融入意识，缺乏对他人的尊重等，很容易造成交往障碍。

⑤利益损失。这里的利益是一个广义的概念，包含个人的公民权利、班级中的角色地位、同伴关系中的角色地位，也包括他的财物等。如去年某校发生学生用椅子打砸老师的暴力事件，其诱因就是教师因为学生没有完成作业而强行要将其拉出教室，发生了肢体冲突。在学生看来，他的公民权利受到了侵害，自己在班级和同伴中的面子也没了，这就是典型的由利益损失引起的突发事件。

三、处理班级突发事件的一般策略

班级突发事件的处理最重要的是坚持因事而异的原则，一切以实际发生的事件为基本依据，进行妥善的处理。但是，综合各种突发事件的共性特点，老师在处理这些事件的过程中也可以参照以下一些基本点。我将其概括为：一个价值追求，两个基本立场，三个分析维度，四个重要原则。

（一）一个价值追求，即"道德地育人"

育人是班级发展的立足点和归宿点，但是如何育人却存在着方法论层面上的价值判断差异。坚持道德地育人，就是在班级发展中要以道德性为核心价值，引领教师与学生的价值判断、选择与构建，重新定位师生在班级建设与发展中的角色意识与责任。在处理突发事件的过程中，坚持道德地育人，就是要确保事件处理的方法与过程本身具备道德性，努力实现三个转变。其一，突破对班级单纯行政单位的角色定位，从"班级"到"班集体"，谋求师生对班级发展的群体性责任共担，将突发事件置于师生共同成长的高度去思考和处理，而不是一味地让学生承担责任。其二，打破教师在教育过程中的绝对主宰权，实现从"阵地"到"舞台"的转变，让突发事件的处理成为引导师生进行道德的教育交往的舞台，在事件中阅读并分享师生的德行，而不是一味地去责难。其三，重启学生在教育中的主动权，实现从"物性"到"人性"的转变，彰显学生创新发展的主体价值，让突发事件的处理成为学生自省与生生交往的平台，让学生成为突发事件处理中的决策者与最终受益者，而不是简单的处理对象。

坚持道德地育人，是处理突发事件的价值追求，更是当前学校德育工作的应有之义。特别是在处理突发事件的过程中，坚持育人方法论层面上的道德性，是一个提前预防的灯塔，也是事后处理的暖心剂、催化剂。坚持道德地育人，可以让当事人感受到，你之前为此已经做了很多的预防，处理突发事件并非临时想法；事后也能让当事人感受到你真的是为他好，而不是简单地为了处理事件。

有一次，我班上的一个男生因为未完成历史作业并顶撞老师被赶出教室，他与老师之间还发生了言语和肢体上的冲突。作为班主任，我没有袒护学生，也没有立刻支持历史老师的做法。我把学生请到一边，与他分析我们班一直崇尚的立人之道，借此批评他的莽撞与无礼，但不追究他的作业，因为这是他自己的事情。然后，我带着他去见历史老师，当着他的面，主动承担自己在教育学生上的责任。随后，让学生先走，我又以家长的名义和历史老师沟通了学生所谓受教育权的正当性问题。第二天，再安排历史老师和学生面谈作业的问题。两人反馈给我的情况都非常好，各自退一步，也进一步。

（二）两个基本立场，即学校和学生

在突发事件处理过程中，教师无论承认与否，都会存在一个立场问题。

那就是教师最大限度上维护谁的利益的问题。依我的浅见，学校和学生的利益诉求应该成为我们的基本利益诉求。

首先是学校的利益。教师本身就是学校的代表，因此，在处理突发事件中必须考虑到这一事件可能对学校产生的影响。如某校发生班主任遭家长殴打的事件，从人之常情来看，教师及其家人的第一反应就是要找家长算账。但是他们并没有这么做，而是考虑到了学校利益和社会影响，采取了宽容的态度。也正是教师对家长的宽容，最终家长也对教师做出了诚挚的道歉和补偿。

其次是学生的利益。无论突发事件中学生犯了多大的错，但他终究是学生，是未成年人。从社会舆论看来，他始终是弱者，理应得到谅解。因此，我们在处理这些问题时必须坚持以生为本的基本立场，要顾及学生的尊严、权利。如某中学一名教师发现了某女生与男生过密交往的情书，就当众批评了该女生，结果导致该女生从三楼跳下摔伤。试想，如果教师采取的是先保护孩子隐私的做法，慢慢做工作，结果可能就会大不相同。

（三）三个分析维度，即法、理、情

我们遇到突发事件可以从哪些角度来判断和衡量自己的处置方式是否妥当呢？情、理、法是我们处理突发事件的三个基本维度，但是在实际的运用中则要倒过来，即先法、后理，再辅之以情。

首先，要合法。最根本的就是《中华人民共和国义务教育法》《中华人民共和国教育法》《中华人民共和国未成年人保护法》和《中华人民共和国教师法》等，诸如任意停课（剥夺学生受教育权利），未经监护人同意任意延长学生在校时间（限制学生人身自由），以补作业为由不许学生吃饭、上厕所等（限制学生人身自由），未经学生允许私拆或公布学生的私人信件、物品（侵犯公民隐私权、财产权），体罚或变相体罚（故意伤害），收受事件一方的礼物、吃请（公职人员贪污受贿），等等。

其次，要合理。这个理就是做人的道理，教育的哲理，社会的公理。

做人的道理是人之为人的基本常理，要相互尊重与体谅，以理服人，不能依凭教师自身独有地位和权力对学生或家长进行要挟式的处理。如有教师在处理学生打架事件时，要求一方学生向另一方学生做出赔偿，但是家长在赔偿数额和双方责任上有分歧，教师就甩给家长一句："反正我是这么建议的，孩子是您的孩子，您自己看着办吧！"看似给家长自主决定权，其实是一种要挟。换位思考一下，如果教师对我这么说，我肯定什么都不敢再议。教育的哲理，就是要有教育的智慧，讲求一些技巧，特别是要有点教育哲学的东西。如教育语言的艺术，上面的话可以换成："您看，我们都是做父母的，他的孩子受伤了，心情能够理解。我觉得您不妨先退一步，给予对方一些补偿，这样彼此心里暖和了，再来谈就会融洽一些。您放心，该是他的责任，您多出的钱，我一定会给您退回来。"再者，是社会的公理，就是要求教师在处理事件过程中要坚持公平、公正的原则，就事论事，不能因为当事学生的成绩和表现好坏而偏袒或是有意打击一方。

最后，要辅之以情。教师与学生、家长的感情是事件处理的润滑剂。当然，这里的感情是为师之道的感情，是教师对学生的爱、教师对家长的尊重之情，不是一般的人情。这种感情需要不断优化师生关系、家校关系，不断积淀。

（四）四个重要原则，即及时到位、程序正当、多方协作和通情达理

及时到位，就是指在发生突发事件时，班主任要尽可能第一时间到达现场，因为你的及时存在，就是对事件本身的重要关注。到位而不缺位，是班主任处理突发事件的重要原则，否则你很难获得第一手的真实有效的信息；到位而不越位，是指在处理事件的过程中，班主任要明白自己的位置，不盲目下定论、不乱作承诺，特别是发生学生伤害事故的时候，一定要及时上报，避免事件处理失当。

程序正当，就是在处理突发事件的过程中，要严格遵守学校的程序性

要求，做到尽职尽责。比如，发生学生伤害事件，必须第一时间向校医室求助，与此同时向分管领导汇报。如需去医院治疗，班主任需陪同，并第一时间联系家长。再如，教室发生偷窃事件，绝不可以对学生进行搜身，而是要及时向安保人员报告，必要时可以报警，并等待后续处理。

多方协作，就是在处理突发事件的过程中，要努力发挥群体的合力，特别是发挥学生群体和教师群体的力量，一起做好处理工作。如在发生学生伤害事件时，家长一般会比较激动。这时，我们一方面要寻求学生的协作，特别是做好现场学生的目击笔录，还原真实的经过。另一方面要寻求任课教师的协作，可以请办公室里年长的老师先帮忙稳定家长情绪，然后班主任再出面协调。

通情达理，就是在处理突发事件的过程中，注意以理服人，以情感人，特别是得理要饶人。突发事件的发生对学生、家长和教师都是一次突然考验。这时，我们最需要的不是匆忙的结论，而是有效的沟通。

（江苏省南京市第一中学　李宏亮）

（策划　陈雪娇　班主任之友杂志社）

后 记

　　班主任的日常常规管理如同蜿蜒宁静的河流，偶尔激起几朵小小的浪花——"老师，小明上课和数学老师顶嘴了"、"老师，小方课间又在打闹了"，班主任手到擒来，迅速处理。然而，有时候也会碰到漩涡、礁石——"老师，小乐离家出走了"、"老师，我的钱包不见了"，诸如此类突发事件往往会让班主任手足无措，无计可施。

　　"班级突发事件"就是在班级工作中突然发生的、可能造成或者已经造成不良影响的、需要班主任采取应急处理措施予以应对的事件。班级突发事件一般具有突发性、危害性、传播性、紧迫性等特点。此类事件总是事发突然，且伴有一定的破坏性影响，还会蔓延至其他方面，搅乱班级秩序，对学生身心造成伤害，需要班主任机敏地应对。如果班主任不及时处理或是处理不当，就有可能造成较大的负面影响。

　　从我们接触的大量案例来看，班级突发事件比较多的是：失窃、打架斗殴、师生冲突、意外伤害、离校出走等。其成因多种多样，教师教育不当，学生的学习问题、心理问题、感情问题等，都会导致班级突发事件发生。在处理这类事件时，班主任应本着及时到位、程序正当、多方协作、通情达理的原则，尽量将事件不良影响降到最低限度。

　　必须要提请教师注意的是，对于班级突发事件，事后处理不如事中控制，事中控制不如事前预防。管理之道在于防。正如《黄帝内经》所云："不治已病治未病，不治已乱治未乱。"一个有经验的且富有教育智慧的班主任要看到平静水面下的潜流，见微知著，防微杜渐，把预防突发事件作为班级常规性的管理内容，并形成系统的应对思路。

　　《班主任应急手册》是一本专门为班主任准备的应急指南。手册集中探讨了学生出走、意外伤害、校园暴力、班级偷窃、自伤自杀等突发问题，有针对性地提出对策和方法，并辅以生动、鲜活的案例。本书最后，我们还总结了应对班级突发事件的一般性策略，便于班主任举一反三，应对纷繁、复杂的班级管理现状。

　　这本书是以《班主任之友》专刊《班级应急手册》为基础，经过补充新的内容，重新编辑而成。因此，这本书能够出版，是许多朋友共同努力的结果。

　　感谢为专刊撰稿的优秀班主任和理论工作者，这本书中不少地方闪耀着他们智慧的光芒。感谢专刊的总策划熊华生、汪媛老师，感谢专刊各版块的策划编辑陈雪娇、向柏桦等老师，没有他们的劳动，就没有这本书；感谢陈雪娇老师在编辑书稿过程中付出的劳动；感谢张万珠先生根据图书的特点而做的重新编排。感谢中国人民大学出版社张菲娜等老师艰苦劳动，使这本书能顺利出版。

李　菁

2014 年 12 月